结构调整与经济发展方式转变研究

张鲁峰 ◎著

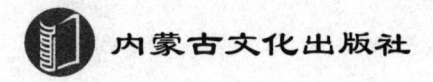

内蒙古文化出版社

图书在版编目（CIP）数据

结构调整与经济发展方式转变研究 / 张鲁峰著. --呼伦贝尔：内蒙古文化出版社，2023.9
ISBN 978-7-5521-2278-7

Ⅰ．①结… Ⅱ．①张… Ⅲ．①中国经济－经济发展－研究 Ⅳ．①F124

中国国家版本馆CIP数据核字(2023)第180054号

结构调整与经济发展方式转变研究
张鲁峰　著

责任编辑	黑　虎
装帧设计	北京万瑞铭图文化传媒有限公司
出版发行	内蒙古文化出版社
地　　址	呼伦贝尔市海拉尔区河东新春街4付3号
直销热线	0470-8241422　　邮编　021008
印刷装订	廊坊市源鹏印务有限公司
开　　本	787mm×1092mm　1/16
印　　张	12.5
字　　数	204千
版　　次	2024年10月第1版
印　　次	2024年10月第1次印刷
标准书号	978-7-5521-2278-7
定　　价	72.00元

版权所有　侵权必究

如出现印装质量问题，请与我社联系。联系电话：0470-8241422

前言

随着经济全球化的迅速推进以及国际经济形势在动荡中发展前进，当今世界各国之间的竞争更加表现为全面性的政治与经济之间的竞争，经济总体实力以及未来发展潜力在总体竞争中发挥着至关重要的作用。为更有效地促进经济全面协调可持续发展，亟待提高经济发展质量，有效解决发展中存在的各种各样的问题。当前能否有效加快转变经济发展方式，不仅决定着当前与未来一段时间的中国经济发展走势，而且也决定着我国在国际上的地位以及中华民族的复兴进程。无论是从国内形势还是国际背景来看，当前必须认识到加快转变经济发展方式的紧迫性与重要性，认识到中国唯有通过构建全面有效的体制机制，才能推进经济发展方式转变。加快经济发展方式转变是适应全球需求结构重大变化与提高可持续发展能力的必然要求，也是实现国民收入分配合理化与促进社会和谐稳定的必然要求，因此转变经济发展方式刻不容缓。

本书是结构调整与经济发展方式转变方向的著作，从现代经济转型的理论与市场经济的发展介绍入手，针对现代经济转型的内涵、理论、转型问题的观点与增长、市场经济发展的制度基础、决定性作用以及大数据时代市场经济的发展进行了分析研究。另外对经济结构调整中政策工具的选择和运用、结构调整与加快转变经济发展方式、区域经济发展理论与战略、低碳经济发展做了一定的介绍，还剖析了绿色经济与可持续发展以及数字经济的发展，旨在摸索出一条适合现代经济发展的科学道路，运用科学方法，提高经济的发展，对结构调整与经济发展方式转变研究有一定的借鉴意义。

本书兼顾理论性和实践性，对于市场经济群体具有很强的实用性和指导性，并结合当前金融市场与经济结构发展的实际情况进行研究，适合从事金融和经济相关的工作人员学习和借鉴。

本书在写作过程中参阅了部分与现代经济转型和市场发展研究相关的文献及资料，同时借鉴了一些学者的观点，在此表示最诚挚的谢意。由于水平所限，加之时间仓促，难免存在疏漏和不足之处，恳请读者予以指正。

目录

第一章 现代经济转型的理论 ... 1
- 第一节 现代经济转型的内涵 ... 1
- 第二节 现代经济转型的理论研究 ... 3
- 第三节 我国经济转型问题的观点研究 ... 20
- 第四节 我国经济转型的增长 ... 22

第二章 市场经济的发展 ... 25
- 第一节 市场经济发展的制度基础 ... 25
- 第二节 市场经济的决定性作用 ... 33
- 第三节 大数据时代市场经济的发展 ... 44

第三章 经济结构调整中政策工具的选择和运用 ... 56
- 第一节 产业结构调整中政策工具的使用 ... 56
- 第二节 部门结构调整中政策工具的使用 ... 68
- 第三节 区域结构调整中政策工具的使用 ... 80
- 第四节 城乡结构调整中政策工具的使用 ... 88

第四章 结构调整与加快转变经济发展方式 ... 97
- 第一节 需求结构调整与加快转变经济发展方式 ... 97
- 第二节 调整优化产业结构与加快转变经济发展方式 ... 105
- 第三节 分配结构调整与加快转变经济发展方式 ... 125

第五章 区域经济发展理论与战略 ... 136
- 第一节 区域经济发展理论 ... 136
- 第二节 区域经济发展战略的准则 ... 140
- 第三节 生态文明建设与区域经济协调发展及战略 ... 150

第六章 低碳经济发展与产业结构调整 ... 164
- 第一节 低碳经济的发展重点 ... 164
- 第二节 区域经济低碳发展与产业结构调整 ... 180

参考文献 ... 191

第一章 现代经济转型的理论

第一节 现代经济转型的内涵

一、经济转型简介

经济转型是指从一种经济运行状态转向另一种经济运行状态。经济转型可以划分为以下几个方面：转型目标模式、转型初始条件、转型过程方式和转型终极条件。其中，大多数人比较认可的是转型目标模式以及渐进和激进两种转型过程方式的比较，然而在转型的条件研究上还是存在一些不足。事实上，由初始条件转变为终极条件是非常重要的，不同的经济运行条件必然会导致不同的运行路径依赖。当然，这不仅会造成结果上的不一致，也会对目标模式的催生产生特别重大的影响。

转型最初应用在数学、医学和语言学领域，后来才延伸到社会学和经济学领域。对经济转型内涵表达及研究的重点和偏向都有不一样的地方，国内文献一直以来都习惯用"改革、转型、渐进和转化"来表达"经济转型"的定义。

就经济转型的概念而言，主要指一个国家或地区的经济结构和经济制度在一定时期内发生的根本变化。具体地讲，经济转型是经济体制的更新、经济增长方式的转变、经济结构的提升、支柱产业的替换，以及国民经济体制和结构发生的一个由量变到质变的过程。

经济转型并不是社会主义社会独一无二的现象，而是世界上任何一个国家在实现现代化的过程中都要面对的问题和挑战。从当下的经济制度向更合理、更完美的经济制度转型，同时也会面临从一种经济结构向另一种经济结构过渡的一个漫长过程。

二、经济转型的内涵

从经济转型的发展来观察，我们不难发现，在现代社会经济的发展过程中，对于市场和政府两者之间职能界限的争吵和讨论一直以来就没有停止过，但最终也没有达成一致的意见。这种争吵和讨论之所以一直以来都没有停止过，原因在于现代社会的复杂性。现代社会下的市场早已经不是亚当·斯密（Adam Smith）时代的市场，而是备受公共目标影响的市场。市场在激励每个人进行创新和发现问题上具有不可磨灭的功劳。虽然市场在创新方面的作用很大，但不容忽视的是其也有缺点，即不善于解决个人与团队或组织的协同合作问题，这就造成了协同合作的问题在当今社会愈来愈成为一个大众化的现象。我们不可否认，市场的反应是十分迅速的，但也不能避免经济活动的过度波动。那么最后的结果就是市场给社会带来分化，所以社会必须得关注以及平等和公平地处理这类重要的问题。当然，怎样去处理市场和政府之间的作用失衡，依然是现代社会需要面对的问题。

转型就是从国家宏观干预的社会主义计划经济向市场经济的转变，同时也可将转轨理解为一个发生根本性变化的过程。后社会主义转轨其实就是用市场经济来代替中央计划经济的过程。当然从某种意义上来说，转型与改革其实是完全不同的两个方面，当我们将市场化改革与市场经济转轨两者剥离开来看时，改革的重点是调整与完善现存的制度而转轨却是改变制度基础的过程，是要通过完完整整的制度替换和建立新型的经济关系来代替之前的制度，但研究范围和研究内容还是局限于经济方面，也就是经济转型。也有某些研究对"转型"的理解要广泛得多，这些研究认为转型就是"大规模制度变迁的过程"。制度转型的意义在于从一种国家或政体转变为另一种国家或政体，转轨是后社会主义国家的制度与全资本主义制度趋同的过程。还有一种理论是这样理解转型的，即转型是一个大范围的概念，不能将它仅仅简单归结为从计划经济向市场经济的转轨。转型并不是只包括经济的转型，还包含了生活方式、文化、政治、法律制度的转型等，所以应该多角度多维度地去理解和研究转型。其实转型不是单纯的制度变迁，而是包含了以技术创新为导向的发展，并且制度规则的选择应该与技术经济的基础相吻合。二者相互作用、不可分割、缺一不可，不可偏袒任何一方，因为一个完整的转型过程是由发展和制度的变迁合并而成的。转型的过程是复杂的，因而转型的概念不仅仅包括制度的变迁，还包括发展的过程。所以我们把转型定义为"大规模的演变"，也就是在相对集中的一段时期内集中发生的一系列相互影响和作用，具有内在一致性的发展和制度上的变迁。中国经济转型其实就是对中国经济发展和制度变迁的总概括。

关于转型的内涵，比较经典且广泛的定义是热若尔·罗兰（Gerard Roland）的表述：转型即一种大规模的制度变迁过程或者说经济体制模式的转换。以目前国内的文献资料来看，可以从三个层面来总结转型的内涵：第一种是从传统的社会主义经济向市场经济转变；第二种除了具有第一种含义之外，还包括以前所实行的广泛被控制的经济向自由市场经济的转型；最后一种就是在前两种含义的基础上，还包含了所有发展中国家促进经济市场化，实现经济发展的过程。[1]

事实上很多人都把转型经济学看作制度经济学的一个分支，究其原因是把转型看作一种单纯的制度变迁过程，因而只是描述了转型的一般特点。虽然不可否认转型从大方向来看的确是一个制度变迁的过程，但是还有本身的特殊性，这种特殊性如果只是依靠制度变迁是不能够得以真实描述的。第一种含义，即方案经济向市场经济转变。当然，后两种转型概念也没错，但关键是其不符合历史与逻辑的一致性，更不适合建立新的独立研究学科。对于第二种含义，放松政府对经济的管制，实行经济自由化，这在传统的主流经济学理论内是可以行得通的。至于第三种转型含义，现有的发展经济学已经有了与之相对应的解答与分析框架。转型（或者转轨、过渡）概念主要发源于20世纪上半期，全世界的社会主义国家在经济实践中都遇到了困难，因而不得不去从实践中摸索以期得到解决经济困难的方法。

第二节 现代经济转型的理论研究

转型经济学是研究方案经济怎样向市场经济过渡的学科。20世纪90年代以来，转型经济学发展比较迅速，主要归功于研究主题和目标一致性的一些理论文献以及撰写这些理论文献的经济学家。现阶段，对于转型经济学理论我们可以从这些经济学家撰写的理论文献中来寻找一些线索，厘

---

[1] 热若尔·罗兰. 局部改革优势何在[J]. 人民论坛，2009，（第19期）：58.

清一些思绪。

20世纪80年代末，包含苏联、东欧和中国在内的多个国家开启了由国家干预的计划经济体制向现代市场自由经济体制的转型。美国著名经济学家、诺贝尔经济学奖获得者斯蒂格利茨（Joseph Eugene Stiglitz）将其与社会主义国家的建设一起称为"二十世纪两项最伟大的经济实验"[①]。不难发现，这次变革涉及几十亿人口，吸引了全世界学者的目光。这些经济学家应用新古典经济学、新制度经济学、发展经济学、信息经济学、演化经济学及比较经济学等最前沿的理论成果，从不同的角度对这一变革加以研究和探索。十几年间，与经济转型有关的文献资料越来越多，文献数量的上升也促使主流经济学的学术地位更加稳固。随着研究的不断深入，一门新的学科——转型经济学应运而生，这门学科是专门研究如何从计划经济向市场经济转型。

一、主流经济学的激进主义改革转型理论

激进主义改革转型理论，也称大爆炸式改革或休克疗法，它的理论基础是狭义的新自由主义与现代货币主义，主张以迅速私有化、自由化为手段来建立自由市场经济秩序，前提条件是在原计划经济国家实行。其实就是在一个相对较短的时期，在旧的经济制度上构建进行一个新的经济制度而采取的彻底推翻原有的不合时宜的旧制度，从而进行新制度搭建的方式。激进主义改革转型理论的主要创立者与拥护者包括萨克斯（Jeffrey Sachs）、布兰查德（Kenneth Blanchard）等。此理论曾被用于改革已经处于计划经济困境中的俄罗斯、波兰、捷克等原社会主义国家的经济秩序。

亚当·斯密的"看不见的手"理论系统化的成果即新古典经济学。从新古典经济学理论的角度来看的话，市场机制的核心思想其实是供求和价格相互作用的关系，也就是资源配置的工具。追溯到转型刚开始的时候，华盛顿共识在转型经济理论和政策研究中占据统治地位，但究其思想根源，其实是以新古典经济学为理论基础的。华盛顿共识表达的理论思想是：严厉的需求紧缩，加上放松管制、贸易自由化和私有化，就可以推动经济增长。总而言之，其向市场经济过渡的核心就是"管住货币，放开价格"，实行以宏观

---

① 马学亮，胡曙光. 读斯蒂格利茨的《经济学》[J]. 中国人民大学学报，1998，（第2期）：118-119.

经济稳定化、国有企业私有化和价格自由化为核心的激进式"休克疗法"。采取了一系列的措施，比如大幅度缩减货币供给量，实行高利率；少数重要商品由国家定价，绝大多数商品价格全面放开；消除预算赤字，减少价格的国家补贴；取消对企业职工工资的限制；全面改革财税体制等。

二、演进主义的渐进式改革转型理论

演进主义的兴起及影响力的扩大是转型经济学发展迎来的另外一个理论高峰，其产生和发展伴随着俄罗斯等国激进式改革的失败和中国经济改革的巨大成功。演进主义理论核心思想可概括为：知识和信息是有限的，并且知识和信息的探索与获得是具有主观色彩的，对于个人来说是以分散的状态拥有的。从这一方面来说，人类是没有办法认识和掌控世界的，最好的办法就是顺其自然。如果只依靠强制的措施来进行大规模的改革而不顾社会经济的发展规律，那么必然会造成社会的灾难，当然也会导致改革的失败。用一种完全不同的系统来强制使其中断是不可取的。经济体制本身是一个具有自我强化机制的复杂系统，在演进过程中会不断汲取旧制度中可以与现阶段社会相适应的合理因素，推陈出新，构建出适应经济规律的新改革措施。因此，走一条理性的、缓慢的、合理的渐进式改革之路是不容置疑的。

渐进式改革理论，是先表层后深层的改革路径，也是在旧有制度的框架内循序渐进地对旧体制进行创新。随着改革进程的逐步深化，新制度不断地把旧制度的组成部分置换出来。在较长的一段时间内，新旧两种制度处于一种并存及此消彼长的状态中，直至最终建立起符合市场化要求的新制度框架。渐进式改革理论主张分阶段进行，逐步到位。如果价格改革不是一步到位，而是实行了双轨价格，那么在放松管制和经济控制上也逐步一个行业一个行业的推进，一个地方一个地方的进行，其指导思想是"摸着石头过河"。我国的大部分经济改革所采用的就是渐进式改革。

三、新制度经济学转型理论

新制度经济学把企业制度、产权制度、市场制度以及国家的法律制度和意识形态等制度纳入经济学分析的框架，拓展了经济学的视野，对我们研究制度现象有重要的参考意义。根据这种理论，改革的过程实质上就是在一定的条件下通过成本收益分析寻求成本最小的最优改革路径。经济学家热若尔·罗兰曾指出："如果转型的经验给了我们任何启示的话，那便是，没有以适当的制度为基础的自由化、稳定化和私有化政策，不大可能产生实际的效果。"[①]公共选择学派代表人物布坎南指出市场制度是自由交易的制度，这些制度结构是长期历史发展的产物。

制度转型理论是新制度经济学的重要组成部分。在其看来，社会主义国家经济体制改革的过程，实质上就是一个制度转型的过程，即以适应市场经济的制度安排取代计划经济的过程。系统地分析和透视新制度经济学的制度转型理论，有助于我们更好地认识中国经济体制改革中的制度转型问题。

（一）制度转型的概念

制度转型理论首先探讨了其内涵。在新制度经济学看来，社会主义是一种由国家机构持有主要生产资料产权的经济制度系统。如何使用和分配这些产权要由中央、省或地方的政府机构来决定。为了便于实施自上而下的控制，不得不采用外在设计的、具有指令性的制度来取代市民社会中的许多内在制度，从而使中央计划代替市场的自发调节。在这样的社会经济制度下，由于竞争性市场的信息机制，缔约自由和私人产权的激励机制被废除，从而导致社会主义经济遭受巨大的损失，资本存量下降，经济绩效恶化。面对日益严重的经济问题，社会主义国家先后开始了以市场为取向的经济体制改革。

（二）制度转型的特征要点

新制度经济学指出，社会主义国家实现经济制度转型是一项复杂的任务。在这一过程中，有许多互动性变革必须以令人难以完全理解的方式发生。但是，从制度经济学的立场看，构筑市场制度的基础性条件是制度转型的目标，所以，要想由计划经济向市场经济的制度转型，其要点应包含以下几个方面。

（1）个人必须将自己在经济上的自由权牢牢握在手里，具体包含自由出售劳力、技能的权利，拥有财产的权利，以及自由契约和财产所有权的恢复。

（2）以前服从中央计划和政府官员指令的生产组织，必须转变为自主的、自负其责的经济实体，所有者和经营者都必须学会自负盈亏。换言之，他们必须学会在严格的预算约束下进行决策。因此，企业必须转变为独立

[①] 热若尔·罗兰,胡凯. 理解制度变迁：迅捷变革的制度与缓慢演进的制度[J]. 南大商学评论, 2005,（第2期）: 1-22.

的法人，有缔约自由，包括对所签契约负充分责任。这要求既要有公司法和商法的支持，也要有行政机构、司法机构的支持，为此必须培训法官和商业律师。

（3）必须从根本上转变政府的作用。在制度转型的过程中，需要在理论上承认受规则约束和有限的政府这样一项原则，并在实践中巩固它。为此，需要强有力的制度控制和可稽查性来抑制根深蒂固的代理人机会主义，法治必须适用于所有的政府主体。否则，"只要政府机构不必为自己的账单付款且凌驾于法治之上，这些本质要求就会遭到破坏"。但是"制度转型要求坚持政府的保护性职能，必须建立一个最低社会保障体系来确保起码的结果平等，这是一种对社会稳定的投资，即使它与形式公正、自由和激励有冲突，也是能够被接受的"。

（4）在国际竞争和要素流动的国际背景下，制度转型过程和实施严格预算约束要想获得理想结果，都需要开放来推动。出国旅行的自由、了解异国他乡情况的自由、进行国际贸易的自由，都有助于向在不同制度下生活的人们传递亟需的知识。同样地，必须使国际投资和支付自由化，以开辟发展更优国际劳动分工、转移生产和商务诀窍的机会，并发挥竞争的激励作用。必须废除货币管制，从而使汇率能够反映世界市场的价格。只有这样，国内市场才能够被世界价格引导。

四、凯恩斯主义转型理论

与新古典主义理论相比，凯恩斯主义经济学对于市场经济的运行过程和内在机理的认识更符合现代市场经济的现实，他们对于转型经济中产权改革、宏观经济、转轨速度和次序、政府与市场的关系等一系列重要问题的认识更值得重视。

在《社会主义向何处去》一书中，新凯恩斯主义的代表人物斯蒂格利茨（Joseph Eugene Stiglitz）对以新古典经济学为基础的转型经济理论提出了批评。他认为在决定选择哪种市场经济模式时，一定要牢牢记住实际的市场经济是如何运行的，而不是去记住那些毫不相干的完全竞争范式；在经济转型过程中，竞争远比私有化重要得多；由于信息的不完全，私有企业和公有企业一样都会出现鼓励问题，因此，建立一种集中与分散、公有因素与私有因素相结合的混杂体制才是现代市场经济的正确选择。市场化和私有化的方案往往忽视了这样几个重要因素：首先，人们之间的经济关系并不是一种单纯的交易关系，而是一种生产关系；其次，企业是生产组织，市场是交易机构，企业与市场是相互补充的，而不是相互替代的；再次，价格机制不仅是一种解决经济问题的手段，同时还有金融功效、战略功效等，在满足这些功效上越是成功，有效配置资源的功效就越难以实现；最后，私有化对于提高效率并不是必要的，国有企业也可对市场作出积极的反响。因此，政府对经济的干涉是重要的。①

凯恩斯主义经济学是建立在凯恩斯（John Maynard Keynes）著作《就业、利息和货币通论》思想基础上的经济理论，主张国家采用扩张性的经济政策，通过增加需求来促进经济增长，即扩大政府开支，实行财政赤字，刺激经济，维持繁荣。凯恩斯和其他建立在凯恩斯理论基础上的经济学理论被称为宏观经济学，与注重研究个人行为的微观经济学相区别。从更深层次看，研究者有必要结合现实情境的演进，时常考量凯恩斯主义的理论边界与现实约束条件，不断探寻宏观经济理论以推陈出新。围绕危机的宏观研究层出不穷，经济学家们对政策的争论也从未停止。实际上，为了应对当前中国经济存在的下行压力，经济学家们对于是否应再次较大规模采用凯恩斯主义经济措施存在诸多争论。②

从中国的现实来看，一方面，有观点认为中国需要保持总需求的可持续增长，政府可以增加基础设施、环保领域、产业升级、城镇化等方面的有效投资，从而带动技术创新和生产率提高；另一方面，也有观点认为凯恩斯主义只是用来应对短期经济困难的处方，不适合用来应对长期经济问题，而中国是转变经济发展方式，推动经济增长的内生驱动力量。

凯恩斯主义已是一个耳熟能详的词汇，但关于其有哪些理论上的前提假设、有何现实约束条件、边界在哪儿等问题却少有深入系统的研究。从各国运用凯恩斯主义经济学的经验来看，应该说既有成功的经验，也有失败的结果，但都各有其根源。在社会实践中，人们总是习惯去奉行拿来主义，只看到凯恩斯提出的结论性政策主张，而忽视其约束条件和政策边界，从而可

---

① 师杰. 直面重大课题 解答心中疑虑：简评《社会主义向何处去》[J]. 全国新书目，1999，（第2期）：28.
② 尼科·施特尔，李钧鹏，许松影. 实践知识，或凯恩斯《就业、利息和货币通论》的价值 [J]. 清华社会学评论，2021，（第1期）：97-106.

能产生与政策初衷相左的效果。

（一）凯恩斯主义的思想意义

《就业、利息和货币通论》一书的问世标志着凯恩斯主义经济学的诞生，由此掀开了现代宏观经济学的独立篇章。在此之前，古典经济学几乎统领着整个经济学理论体系。凯恩斯经济理论的主要结论是经济中不存在生产和就业向完全就业方向发展的强大自动机制。这与新古典主义经济学所谓的萨伊定律相对，后者认为价格和利息率的自动调整会趋向于创造完全就业。将宏观经济学和微观经济学联系起来成了凯恩斯《通论》以后经济学研究中最富有成果的领域，一方面微观经济学家试图找到其思想的宏观表达，另一方面，货币主义和凯恩斯主义经济学家也试图为凯恩斯经济学理论找到扎实的微观基础。20世纪50年代以后，这一趋势发展成为新古典主义的综合学派。大萧条早期的"清算主义者"秉承古典经济学思想，坚信市场具有灵活的自发调节机制，反对政府干预并默默等待市场自动调整。虽然市场机制最终会使经济重新找到均衡，但经济衰退的底线在哪里、衰退过程的剧烈程度如何、何时才能企稳复苏都无人知晓。为解决当时的大规模失业、经济极度萧条问题，凯恩斯提出了一个崭新的宏观经济学框架及其系列政策主张。其核心思想大致可归纳如下：

（1）凯恩斯立足于短期视角，设定了一些短期内不变的因素。因为"长期人们都会死去"，所以凯恩斯不像古典经济学家一样执拗于长期，而是专注于短期视角，去探索宏观经济运行规律。这些短期既定因素包括：技术水平、劳动力数量和资本存量等（可理解为生产各种商品和劳务的要素资源）。凯恩斯指出这些短期既定因素虽然也会影响其他变量，但他暂不考虑变化所造成的影响。总之，凯恩斯将其分析框架锁定在了一个较短的窗口期，没有涉及跨时期或中长期分析。

（2）凯恩斯分别探寻了决定消费需求和投资需求的因素。传统古典经济学认为，消费需求和投资需求能够通过利率来自动调节。而在凯恩斯看来，决定消费需求和投资需求的是两组独立变量。消费需求由收入和边际消费倾向决定，而投资需求由资本回报率和利率决定。其中，资本回报率由资本存量和资本预期回报率决定，与资本存量呈反向关系，而与资本预期回报率呈正向关系。利率则受到货币供应量和流动性偏好的影响。由于流动性偏好的存在，央行调节货币供应量时不一定能有效带动利率变化。

（3）凯恩斯提出了有效需求不足的概念，并认为这是经济常态。在总供给方面，全社会的生产边界是各种要素资源物尽其用（例如劳动力充分就业）时的最大产出。在总需求方面，由于边际消费倾向递减，人们并不能将所有产出都消费掉，由此形成的缺口需要投资需求来填补。但投资需求本身由资本回报率和利率决定，并不能够恰恰填补该缺口。因此，当总供给和总需求决定的均衡就业水平小于充分就业量时，就会出现失业现象，凯恩斯将此种情况定义为总需求不足或有效需求不足。值得注意的是，有效需求不足并不是指总需求小于总供给，而是指总需求小于实现充分就业条件所要求的潜在总需求水平。

（4）针对上述有效需求不足问题，凯恩斯提出了总需求管理的政策建议。在短期视角下，人们的消费倾向变化缓慢，消费需求上升空间很小，因此凯恩斯着眼于提升投资需求来扩大总需求。在货币政策方面，由于经济萧条，大众商业心理消极，资本预期收益率下降很快，较低的资本回报率难以激发投资者的热情，因此货币当局需要下调利率，使之低于资本回报率以促进投资；在财政政策方面，政府则需要扩大财政投资，以弥补私人部门投资需求的不足。

（二）凯恩斯主义理论在实践中的应用

凯恩斯的经济思想根植于彼时经济的现实土壤，建立在一系列的理论假设前提之上，因此必然存在着一定的理论边界和现实约束条件。实践中，人们往往容易奉行拿来主义，只看到凯恩斯提出的结论性政策主张，而忽视其提出的约束条件和政策边界，从而可能产生与初衷相左的政策效果。

1. 货币政策受到的约束

宽松的货币政策意在降低实际利率，以促进投资需求，同时"制造"通胀预期以规避债务通缩风险。在经济衰退时，一方面均衡实际利率会在较长时期保持很低的水平，另一方面物价下跌会造成实际利率高企。那么，即使央行将名义利率调到很低水平，实际利率也会高于均衡实际利率。虽然央行可以降低名义利率，但名义利率会受到零利率下限约束，使得名义利率降无可降。在极端情况下，央行可以将名义利率设定为负值，但负利率也不能无限制地下降，公众持有现金的存储、交易、保险等成本就是负利率政策的下限。

除了下调名义利率外，央行还可寻求增加货币供应量来提高通胀预期，但极有可能落入流动性陷阱。凯恩斯在《通论》中曾明确指出，利率不仅取决于货币数量，还与人们的流动性偏好有关。当经济不景气时，公众持有现金的意愿很高。当央行将名义利率降低到极低水平时，无论如何扩张货币供应，只会以银行库存现金或公众持有现金的形式存在，并不会提高支出水平，形成所谓的流动性陷阱现象。在经济衰退、资本回报率很低的情况下，如果货币供应的扩张效应不能抵消流动性偏好的上升，那么即使央行试图扩张货币，也难以将实际利率降低至资本回报率以下，无法刺激投资需求的增长。

2. 财政政策受到既有政府债务水平及赤字率的约束

由于货币政策可能会遇到流动性陷阱，所以凯恩斯更加推崇财政政策在应对经济衰退时的作用，但他却忽略了扩张性财政政策本身的资金约束问题。凯恩斯指出，为应对经济萧条时总需求的不足，政府需要增加财政支出。但是，经济萧条时财政收入通常会下降，这是不争的事实。政府无论是选择保持税率不变还是减税，只要经济增速下降，财政收入增速一般也会相应下降。

财政收入下降，但财政支出还要提高，这无疑会提高财政赤字率。持续的财政赤字会不断限制政府进一步开展投资的可行性。更具体地，一是在加税已不再可能的情形下，政府只能通过借债来弥补财政收支缺口；二是当期政府债务需在下一期还本付息，必然会加重未来财政预算的负担；三是经济衰退时资本回报率低迷，政府投资的收益可能会低于成本，难以实现盈利，反而产生更多的债务；四是政府债务层层加码及财政赤字率高企，容易引起债权人对政府偿债能力的质疑，导致政府债券风险溢价上升，进一步加重政府债务负担。因此，虽然扩大政府投资能解决短期总需求不足的问题，但会受到政府债务率不断攀升以及财政可持续性的现实掣肘。

在国际金融危机和债务危机双重打击下的欧洲案例凸显了财政政策的无奈。在财政支出方面，国际金融危机前许多欧洲国家曾大幅扩大社会福利支出，导致财政支出较快上升；危机爆发后，购买了大量美国次级抵押贷款衍生品的欧洲银行坏账率飙升，政府为救助银行体系导致财政赤字率陡增，银行业危机进一步拖累了政府债务。而在财政收入方面，危机后经济增速下降客观上造成财政收入减少。面对严重入不敷出的局面，投资者对政府偿债能力的担忧又导致国债利率上升，进一步增加了政府债务偿付压力。按照凯恩斯主义的思路，为应对危机的负面冲击，政府应当不断地实施扩张的财政政策，但是部分欧洲国家财政政策的空间却受到明显制约。

可见，许多欧洲国家的经济衰退与债务危机是相互关联的。经济衰退会增加政府的债务负担，而债务危机也会进一步加剧经济衰退。如何打破这种恶性循环，从哪一方面着手，哪个目标优先，这些都是财政政策所面临的挑战。如果实施扩张的财政政策，短期内虽有利于减缓经济衰退，但会触碰高额债务的高压线，不知何时，多借的一笔政府债务甚至会成为压死骆驼的最后一根稻草；而如果实施紧缩的财政政策，确实能够降低政府债务，尽管有利于重拾国际投资者对本国的信心，但可能会进一步加剧经济的衰退。特别地，削减社会福利所涉及的利益分配还容易引起社会纷争。从各方博弈结果来看，部分欧洲国家选择了宽松货币政策和紧缩财政政策，此种在凯恩斯主义看来矛盾的政策组合，却出现在了现实之中。

3. 过度的投资需求的影响

凯恩斯提出，为满足充分就业的要求，当期需要扩大投资。[①] 而事实上，在跨期情况下，当前投资需求的过度扩张会对下一期供求关系产生显著影响。投资需求与消费需求有所不同，人们购买消费品当期会立即消费掉，而购买投资品是用于继续生产商品和劳务，进而对资本存量等方面产生一系列影响。具体而言，一方面，根据资本回报率递减规律，已有资本存量的增加会降低资本回报率。作为投资需求的重要参考，资本回报率下降会约束下一期投资需求的扩张。另一方面，已有资本存量会形成新的生产能力，进而提高潜在的供给水平。当资本回报率高于利率时，人们有动力扩张投资需求，而投资需求扩张所形成的新的生产能力也会被下一期的投资需求消化吸收，故此时不太可能出现产能过剩；但当资本回报率递减并降至利率水平以下时，投资需求将出现缩减，若短期内生产函数没有及时改善，那么多余的资本可能闲置，即导致产能过剩。

与其他国家相比，长期以来中国投资率保持在较高水平。高投资率直接带动了经济的高速增长，并推动了嵌套在投资中的技术进步。然而，高投

---

① 海曼·明斯基，孙小雨. 对凯恩斯投资理论的阐释[J]. 政治经济学报，2021，(第1期)：127-148.

资在促进资本快速积累时，也成为中国出现产能过剩状况的最直接因素。

中国所面临的较大产能过剩压力与国际金融危机后投资刺激政策的规模和效率息息相关。一是为迅速拉动经济增长，政府在很短时间内对基础设施建设等有限几个领域进行密集投资，对下行的资本回报率不敏感；二是政府通过税收减免、帮助企业获取融资等方式对企业投资提供各种补贴，即使资本回报率下降，企业也依然可以扩大投资。大规模政府投资或带有补贴性质的企业投资迅速带动了对投资品的需求，表面上看似乎立即缓解了内需不足的问题，实际上并不具有长期效果，甚至加重了日后消化过剩产能的负担。由于缺乏有效的价格信号，新的资源仍源源不断地加入过剩的产能行业。因此经济刺激计划下过度的投资意味着更低的资本回报率、更高的债务水平和更多的银行呆坏账。

4. 政府投资与私人投资的制约因素

凯恩斯假定投资需求（无论是私人投资需求还是政府投资需求）受利率和资本回报率的影响，并且假设政府部门投资需求与私人部门投资需求是完全可替代的关系，也就是当私人部门投资需求不足时，政府投资需求能够恰好弥补，最终实现充分就业的目标。上述假设其实忽视了投资的结构问题，即政府投资与私人投资对资本回报率的要求不同或者对利率的敏感程度不同。具体地，当私人部门投资需求因资本回报率下降而不愿意扩张时，政府投资正好迎难而上、填补缺口；然而，政府投资也会受到下行的资本回报率影响，但为了提高有效需求而持续地进行政府投资必然会使该投资陷入亏损的困境。这说明凯恩斯在建议以政府投资来弥补产出缺口时，并没有以全社会总资本回报率或利率水平来约束政府投资，忽视了政府与私人投资对资本回报率有着不同敏感性等结构性问题。

更有甚者，即使在私人投资需求范畴内，不同类型投资主体对资本回报率或利率的敏感程度也不尽相同。凯恩斯所言的高度市场化，是指所有私人部门均严格以利率和资本回报率为约束进行投资决策。但如果是在一个市场化程度不高的经济体中（例如新兴市场国家），各类微观主体面临的预算约束程度不同，对利率的敏感程度也不尽相同。既然如此，总量性政策会对各类经济主体产生差异化效果，例如央行降低利率对各类经济主体的投资需求扩张会有不同程度的作用。这些都是凯恩斯当年未曾深入考虑的结构性问题。事实上,理解总量性政策的效果往往需要有结构化的视角。

在转型中国的各类微观市场主体中,存在着大量对资本回报率或利率不甚敏感的部门,例如一些地方融资平台以及部分国有企业等,即所谓的软预算约束部门。软预算约束部门具有一些典型特点。一是软预算约束部门的投资往往带有政府投资色彩,通常涉足一些具有正外部性且名义资本回报率较低的公共领域,即背负着政策性负担。二是软预算约束部门往往生产率较低,但因为有政府的隐性担保,能够更加便捷地获得贷款。相对比的是民营企业等生产率较高的硬预算约束部门,对利率变化十分敏感,但外部融资的可得性较差。三是软预算约束部门在资不抵债时一般不会破产,而是依靠政府对其进行救助,相反地,受硬预算约束的民营企业资不抵债时就会破产。

在宽松的货币金融环境下,软预算约束部门对融资成本不敏感,债务规模往往增长迅速,对硬预算约束部门形成明显挤压并造成要素配置的扭曲。一个典型的现象是,中国在四万亿经济刺激政策实施过程中,由于隐性担保、刚性兑付等问题的存在,不少金融资源流向了软预算约束部门。但软预算约束部门对利率不够敏感,加之融资量大,反而提高了整个市场的利率水平,从而对硬预算约束部门尤其是民营经济形成挤出效应。

面对资金等要素价格的上涨,生产率更高的硬预算约束部门却降低了投资需求。因此,经济的结构性问题加剧了要素配置市场的扭曲,造成了要素在高生产率和低生产率部门之间的低效分配。当经济中存在大量预算软约束和对利率不够敏感的部门时,结构性问题还会使货币运行路径发生变化。软预算约束使得总量型宏观调控面临两难困境:若降低利率水平,可能会进一步刺激软预算约束部门的投资;若提高利率水平,又会对一般产业形成打压,拖累经济增长。在这样的环境下,宏观总量政策的边际效果将不断下降,且难以应对结构性问题,这其实是实体经济扭曲在金融领域的自然映射。

5. 金融市场因素与凯恩斯主义经济学

凯恩斯所处的年代金融市场尚不发达,融资方式和金融工具较为单一,因此《通论》仅将金融市场局限为银行体系,将其视为连接资金供给与需求方的中介,并没有提及金融市场与实体经济的内生性联系。不仅如此,凯恩斯之后的主流宏观经济学范式均假设金融体系顺利运作,不会对实体经济产生实质性影响。尽管也有少量文献将信息不对称因素引入信贷市场,建立了金融加速器、抵押品约束等理论，但主流宏观经济学仍认为金融市场从来不是主角。

然而，在近年来的一次次金融危机、经济危机中，金融市场在客观上都扮演了重要角色。全球金融危机引发了宏观经济学家对金融问题的集体性反思，即金融体系可能对宏观经济运行具有不可忽视的重要影响，需要重建宏观经济学的"金融支柱"等。危机使学者们意识到金融市场的摩擦已成为宏观经济分析中不能忽视的部分，围绕金融加速器、抵押品约束、银行资本约束等机制，大家开始在主流宏观经济模型中植入金融因素。特别地，资本市场上证券价格波动可能对实体经济产生巨大影响。当金融资产在新型金融衍生工具的推波助澜下脱离实体经济不断自我膨胀时，就容易形成资产泡沫，而资产价格泡沫的膨胀和崩溃会阻碍实体经济的发展。

货币政策在应对此次国际金融危机中作出了很多及时适当的反应，对于缓解金融危机起到了重要作用，但对金融市场也产生了溢出效应。宽松货币政策释放的海量流动性会自发流向房地产、证券等资产领域，有时并不会直接表现为传统的通货膨胀率上升。当然，保持物价稳定和金融稳定（含金融资产价格稳定）有时是种两难境地，央行将一些金融稳定的目标寄希望于宏观审慎管理，但这仍是一个尚未经充分证明的概念。

另外，金融市场的表现也会给货币政策带来意想不到的副作用。一是大量资金涌入金融市场，尽管可通过财富效应等渠道溢出到实体经济，但长期低利率环境会诱发风险激进的投资逐利行为，催生全球范围内金融资产泡沫和资产价格浮动，而一旦泡沫破灭又会再次冲击实体经济。此种对金融市场泡沫破灭拖累经济增长的担忧束缚了货币政策由非常规走向正常化。二是在开放的经济条件下，全球金融市场高度联动，主要的中心国家释放的大量流动性外溢至全球，必然对外围国家经济产生冲击。三是新兴经济体的经济金融发展对发达经济体也有"回溢效应"。考虑到全球金融市场动荡和不确定性加剧的情况，来自新兴经济体货币政策的变化或金融市场动荡对许多发达经济体也会产生重要影响。

（三）针对凯恩斯主义所得出政策措施的建议

20世纪30年代诞生的凯恩斯主义经济学为摆脱当时的大萧条提出了系统性的政策应对方案，开创了近代宏观经济理论体系。虽然20世纪70年代后，凯恩斯主义经济学因为难以解释滞胀现象而日渐式微，但国际金融危机爆发后，凯恩斯主义再次回到政策舞台中央，成为各国走出危机的指导方针。危机发生以来，无论是中心的发达国家还是外围的新兴市场国家，纷纷采用凯恩斯主义的经济刺激计划，然而效果参差有别。与其他经济理论一样，凯恩斯主义经济学有其理论边界或现实约束条件，如果对其认识不足，实践中很容易造成凯恩斯主义的不恰当运用，从而导致政策的效果差异。

从经济理论与现实案例的角度归纳总结凯恩斯主义经济学理论边界和现实约束条件。第一，名义利率下限和流动性陷阱制约着宽松货币政策的实施。第二，政府债务水平及赤字率制约着积极财政政策的实施。第三，当期过度的投资可能会抑制未来的总需求并形成下一期的产能过剩。第四，总量刺激政策的效果会受到结构性问题的影响。第五，金融市场对宏观经济运行产生了复杂的互动影响，也对凯恩斯主义总需求管理政策提出了诸多挑战。全球金融危机后，主要央行纷纷实施大规模量化宽松货币政策，容易催生金融资产泡沫，金融市场的大幅波动也会给宏观政策实施带来复杂的回溢效应。

综观上述凯恩斯主义的理论边界和现实约束条件并结合中国增长速度换挡期、结构调整阵痛期和前期刺激政策消化期三期叠加的宏观经济金融环境，我们提出以下建议。一是应保持中性适度的货币环境。后危机时代，宽松的货币政策对经济复苏的边际效应在不断减弱，不宜对通过宽松货币来刺激经济增长的效果抱过高期望。特别地，过度的货币扩张极易带动居民消费、金融资产、房地产等价格的迅速上涨，且在极端情况下不排除出现滞胀的可能性，因此有必要密切关注广义通胀等综合反映价格与流动性的指标。二是在可持续的财政赤字和政府债务水平范围内，提高投资效率，合理利用财政政策的剩余空间。积极推进"营改增"改革、调整社保费率等财税领域改革，降低企业负担。发挥政府投资的结构性调整功能，致力于中长期环保、教育、改善收入分配等领域的投资。通过破产重组、资产出售等市场化方式化解非金融企业的高杠杆风险。三是加快实施具有治本功效的结构性改革。理顺要素市场的价格机制，鼓励不同产业、不同生产环节、不同流通领域的管理创新、技术创新和制度创新。当然，创新不一定是疾风骤雨式的大变革，可能只是一些和风细雨式的平凡举措。值得一提的是，结构性改革可能引起短期经济的下行，对此要保持一定的定力，提高对经济增速波动的容忍度。

在凯恩斯主义的理论框架下，现实中许多宏观政策（尤其是创新性的政策）的效果仍有待进一步观察，例如非常规货币政策对物价稳定和经济增长的效果、加大政府投资与去杠杆之间的取舍、金融体系与宏观经济的互动效应等。因此，需要不断结合实际情况，加深对凯恩斯主义经济学的理解甚至进行创新。放眼历史长河，每一场大的经济金融危机几乎都会激发经济理论的创新。大萧条催生了凯恩斯主义经济学；20世纪70年代的滞胀危机让新古典主义经济学占据主流；国际金融危机后，凯恩斯主义经济学重回现实政策应对的舞台，但目前对其政策效果的质疑和争论也在与日俱增。或许，崭新的经济理论正在孕育之中，而我们对凯恩斯主义的理解也必然会随着经济现实的发展而不断深入。

五、市场社会主义理论

市场社会主义就是以实现社会主义与市场经济的结合为目标的一种理论和主张。社会主义国家经济体制改革的本质是实现社会主义与市场机制的结合。在理论和实践中解决社会主义与市场机制的结合问题，是决定经济体制改革前途和命运的关键因素。市场社会主义即主张完全实行市场经济的社会主义、经济方面的自由主义。市场社会主义理论的最初模式即兰格-泰勒-勒纳模式，借助于新古典经济学的分析工具。这一理论假定市场机制仅仅是一个中性的概念，主要表现为：在社会主义国家中崇尚市场竞争，只利用价格机制进行干预而不直接干涉经济活动。市场社会主义取消计划经济在社会主义国家经济生活中的作用，把自由主义的原则应用于经济领域。

市场社会主义理论虽然在许多方面超越了新古典的范式，但是中性论的假定却被接受下来，因而这些理论难免会带有新古典理论的缺陷。社会主义国家经济改革的实践表明，公有制与市场经济的兼容是一项复杂的、长期的任务，绝不可能一蹴而就。经过近百年的探索和实践，市场社会主义的理论与实践获得宏大的发展，市场社会主义也成为当代社会主义运动的主流和社会主义国家经济体制改革的指导思想之一。

（一）市场社会主义的基本特征

（1）主张以市场作为资源配置的主要手段，这也是市场社会主义的主要特点。但是以多大范围、何种程度、何种方式，不同时期、不同国家、不同学者的主张各不相同。

（2）主张实行生产资料的公有制，市场社会主义反对生产资料私有制的存在。英国学者科亨（Hermann Cohen）认为："市场社会主义是社会主义，是因为它克服了劳动和资本的分离。在市场社会主义中，不存在一个不拥有资本的与劳动者相对立的资本家。"[①] 但学者们对生产资料公有的具体形式有不同的看法，如国家所有、集体所有、全民股份制等。

（3）把资源配置形式和社会制度分离开来，把计划机制、市场机制与社会主义、资本主义分开来。学者们认为，计划和市场都是资源配置的手段，与社会制度的性质是没有关系的。

（二）市场社会主义的发展阶段

市场社会主义理论的发展从20世纪二三十年代起到21世纪初大致经过了三个阶段。

1. 第一个阶段

20世纪20至90年代。该时期最著名的就是旅美波兰经济学家奥斯卡·兰格提出的"兰格模型"：生产资料当实行公有制，但小型工、农业可保持私有；要求建立不完全的市场体系，既存在消费品市场、劳动服务市场，也存在生产资料市场、资金市场；实行国家、地方、家庭参与的多重决策体系；实行双重价格定价体系，消费品和劳动力价值通过市场来定价，而生产价值由中央计划机关采取模拟市场竞争的方法来决定。该模式虽然有明显的计划特征，但标志着市场社会主义思想的形成。

2. 第二个阶段

20世纪50至80年代。一些东欧、苏联经济学家主张在计划经济框架内，充分发挥市场机制的作用。比如南斯拉夫经济学家组成的"市场经济学派"认为，经济的快速发展只有在市场的基础上才有可能。波兰经济学家布鲁斯提出了市场机制的计划经济模式。捷克的锡克在《社会主义制度下商品的货币关系》中分析了宏观、微观商品经济的不平衡，其中宏观的当由计划调节，微观的则由市场调节。

3. 第三个阶段

从20世纪80年代到21世纪初。其研究中心又回到了西方，学者们重

[①] 祁靖贻. 科亨功能解释方法的合理性及其与功能主义的差异[J]. 学术交流，2018，（第5期）：32-38.

新探讨了市场社会主义，目的在于弄清如何通过市场使西方走向社会主义。市场社会主义的主要理论有米勒（David Miller）的"合作制的市场社会主义"理论，罗默（John E. Roemer）的"证券的市场社会主义"理论等。

六、比较主义经济学理论

用比较经济学理论来分析现实的改革问题是20世纪90年代以前转型经济学的主流。这种理论从不同的经济体制中总结出若干基础的经济体制模式，并在此基础上进行比较，作出最优选择，指导改革的实践。比较经济学早期着重于资本主义制度与社会主义制度之间的对比，代表人物是美国的康芒斯（Commons, John Rogers）和英国的庇古（Arthur Cecil Pigou），代表作是庇古的《资本主义和社会主义的比较》。

20世纪70年代后，学者加强了对发展中国家经济发展状况和政策的系统分析。有比较才能有鉴别，学习和借鉴其他国家市场经济模式和市场化道路的经验教训，对于中国的经济转型起了积极的推动作用。当然比较经济学的方法也存在着根本的缺陷。首先，这一理论是经验的而非规范的，因而无法形成具有广泛指导意义的理论。其次，它把不同社会制度和不同历史环境下的经济体制简单化，因而无法深刻懂得制度变迁的复杂现实。

自20世纪70年代以来，在西方关于比较经济制度的研究中，尽管已经出现了劳埃德·G.雷诺兹（L.G.Reynolds）《经济学的三个世界》这样一本比较有影响的著作，但总的说来，比较经济学这门学科至今还没有形成一个比较完整的理论体系。这主要是由于比较经济学在研究中遇到了困难：

（1）比较经济学是一个跨学科的边缘性研究领域，它不仅涉及经济学各方面的研究，而且涉及经济学以外的其他许多学科的研究。只有对有关学科的研究取得了一定的进展，并在这些研究的基础之上进行比较经济学的研究，才能取得较为系统的成果。例如，关于不同国家和地区的经济发展过程的比较研究，就与考古学、历史学、社会学、人类学等学科的研究有关。又如，关于不同的经济制度和经济决策形式的比较，除涉及政治、法律、社会学方面的问题外，还与各国文化史、宗教史、思想史的研究有密切关系。

（2）比较经济学是一个十分广泛的研究领域，各种不同的经济运行方式和经济发展道路、各种不同的国民经济管理和调节手段的比较，属于宏观的比较经济学研究范围；各种不同的资源配置和收入再分配方式、各种不同条件下的厂商活动和消费行为的比较，属于微观的比较经济学研究范围；各种不同的社会文化传统及其对经济的影响、各种不同的权力分配形式和价值判断准则的比较，则又属于制度—结构的比较经济学研究范围。要从理论上把宏观的、微观的、制度—结构的比较经济学研究综合到一起，也不是一件容易的事。

（3）比较经济学的研究主要受经济学一般理论的指导，但资产阶级经济学的各个学派都有自己的一般理论，这样，一般理论上有分歧的资产阶级经济学家关于比较经济学的观点和方法就很难综合到一起，难以形成一种比较完整而又具有综合性的比较经济学理论体系。

（4）比较经济学的研究方法，目前仍存在较多的困难。其一是在国民经济核算方面，不同国家的国民生产总值和国民收入如何进行比较的问题至今仍未解决。即使不同的国家以同一种核算体系（如联合国颁布的国民核算体系或经互会国家实行的物质产品平衡体系）作为依据，但由于各国经济的产品结构不同、对外经济开放程度不同、商品经济与自给经济所占比重不同等原因，以同一种核算体系为依据计算出来的各国国民收入的比较仍是有争议的。在对各国经济中所遵循的价值判断准则、各国生活方式和福利水平进行比较时，遇到的困难就更大了。

第三节 我国经济转型问题的观点研究

经济的转型是一个大规模的制度变迁过程，对这一过程首先要进行一些基本理论问题的研究。中国几十年的经济改革实质上是一个经济转型的过程，针对中国经济转型所涉及的实践和理论问题，中国学者进行了多视角的研究。本文主要从中国经济转型的基本理论和实践入手，从转型经济的内涵、特征、模式、成本等方面和转型过程中的市场化程度的测度、结构调整、市场秩序、收入分配等方面对近年来国内相关研究进行了综述和评价，并进一步分析了今后中国经济转型研究的重点。

一、对中国经济转型特征的观点研究

中国经济转型的特征表现，一是在从计划经济向市场经济过渡时期，所有制结构由单纯的公有制过渡到以公有制为主体的混合所有制经济；二是

转型时期的经济运行机制主要涉及深层次的本质关系，在建设社会主义市场经济的过程中，必须建立一种计划与市场内在统一的机制，这种经济运行机制必须包括政府、市场和企业三个层次或者三个环节。

中国经济转型实际为双重转型：一是经济体制转型，即通常所说的市场化，由计划体制转向市场体制，最终建立完善的以市场机制和价格供求关系来配置经济资源的市场体制；二是社会转型，指从传统社会向现代型社会的过渡，尤其是特指当代中国从传统社会向现代社会、从农业社会向工业社会、从封闭型社会向开放型社会的变迁和发展的演变过程。

二、对经济转型模式的观点研究

在一个经济体中存在着不同的体制，不同体制的成长速度不同，转型的路径由协调成本的大小决定。中国的制度变迁方式将依次经过供给主导型、中间扩散型和需要主导型三个阶段，在中间扩散型制度的变迁过程中，地方政府发挥着关键作用。中国改革的成功主要在于传统体制的 M 结构，在 M 型组织中，基层政府有较大的自主权，而且地区之间联系市场取向的这种结构削弱了行政控制，强化了市场活动，刺激了非国有企业的发展。

三、对经济转型成本的研究

从经济转型的推进过程来看，成本可分为设计成本、实施成本、摩擦成本、创新成本、运行成本五类。设计成本是指改革过程中由体制因素决定的"信息不完全""知识不完全""制度预期不稳定"等所造成的效率损失，具体包括签约成本、学习成本、重新签约成本等。实施成本是为搜寻、学习制度安排，为改变制度而重新签约的成本。摩擦成本是指由各种改革阻力造成的时间和物质耗费。摩擦成本是改革激进程度的增函数，与此相反，实施成本是改革激进程度的减函数。创新成本包括创新准备、体制过渡和新体制完善等三个相互关联阶段的成本。运行成本指为维护这种制度安排和制度结构所必须耗费的费用。其中变革成本又包括规划设计、组织实施的费用、清除旧制度的费用、消除变革阻力的费用、按各制度变革造成的损失、随机成本等五项内容。

四、对经济转型目标的观点研究

社会主义市场经济类型的目标选择，决定了我国市场经济必须是一种以市场交换协调机制为基础、以其他协调机制为补充的有中国特色的社会主义市场经济，而不可能是西方经济学倡导的只用市场交换一种机制协调人们利益关系的纯粹的市场经济。因此其目标为建立统一、开放、竞争有序的市场体系，充分发挥市场配置资源的基础性作用。建立健全规范、有序、高效率的市场竞争机制，切实转变政府职能，加强宏观体调控体系。

制定和实施合理的产业政策，引导企业投资和经营行为朝着有利于经济效益增长的方向发展。在社会主义生产管理体制下，企业不仅是一个追求利润最大化的微观经济实体，同时也是一个开发工人能力、维护工人利益、保护生态的社会生态经济实体，即在生产管理体制转型中能顾及广大劳动者的共同利益，可以建设符合科学发展观要求的现代企业。

第四节 我国经济转型的增长

中国共产党十九大报告宣告中国特色社会主义进入了新时代，形成了新时代中国特色社会主义思想。新时代中国特色社会主义思想，明确坚持和发展中国特色社会主义，总任务是实现社会主义现代化和中华民族伟大复兴；明确新时代中国社会主要矛盾是人民日益增长的美好生活需要和不平衡不充分的发展之间的矛盾，必须坚持以人民为中心的发展思想，不断促进人的全面发展使全体人民达到共同富裕；明确中国特色社会主义事业总体布局是"五位一体"、战略布局是"四个全面"，强调坚定道路自信、理论自信、制度自信、文化自信；明确全面深化改革总目标是完善和发展中国特色社会主义制度，推进国家治理体系和治理能力现代化。在经济社会发展中贯彻执行新时代中国特色社会主义思想，就要坚持新的发展理念。发展是解决中国一切问题的基础和关键，发展必须是科学发展，必须坚定不移贯彻创新、协调、绿色、开放、共享的发展理念。

过去，我们投资办工业企业，生产工业产品卖向全球，我们就是世界工厂，今天我们从世界工厂转向世界市场。过去，我们处在高速增长阶段，高速增长阶段的起点是供不应求的短缺经济。这个阶段的本质特征是一个增量扩能的过程，不断增加产量、扩张产能，生产更多产品以满足市场需求。当我们转入中高速增长阶段，就要从以数量扩张为主，转变为以质量提升为主的新阶段。

转型升级指的是从速度型效益转向质量型效益、从行业之间转向行业内部生产要素再配置、从引进、消化、吸收国外先进技术转向自主创新、从以工业制造业开放为主转向以服务业的全面对外开放为主。

一、中国经济发展速度型效益的增长特征

只要经济增速达到10%以上，所有行业和企业都会获得利润，经济运行质量和效益就会明显改善。相反地，一旦经济增速低于8%，很多行业和企业就会出现亏损，经济运行质量和效益大幅滑坡。这种经济效益取决于增长速度本身的状况，概括为速度型效益。

从高速增长阶段转入中高速增长阶段，经济增速台阶式下降不可避免。当经济增速出现台阶式下降的时候，如果仍然是速度型效益，经济运行质量和效益台阶式下降则不可避免。所以，转型升级是指当经济增速出现台阶式下降的时候，需要让质量上一个新的台阶，从而实现从速度型效益向质量型效益转变。未来，无论是在工业生产领域、农业生产领域还是服务业领域，都需要大幅度提高产品和服务的质量，通过质量台阶式的上升，保障经济运行质量和效益的基本稳定。

二、提高全要素生产率助力中国经济转型升级

改革开放四十多年来，我国提高全要素生产率的主要方法就是行业之间生产要素的再配置。所谓行业之间的生产要素再配置是指通过改革开放让原来处于低效率部门的生产要素流入高效率部门，提高全要素生产率。我们把大量原来配置在低效率的农业部门的生产要素重新配置到高效率的非农业部门，从而提高了全要素生产率。改革开放之初，绝大多数的劳动力从事农业生产，现在这个比率已明显下降。原来土地产出效益很低，在城市化扩张过程中，人们把很多耕地拿出来盖房子，从而创造了更多的社会财富。

今天，行业间生产要素再配置的空间变得越来越小。农村可转移的青壮年劳动力已经不多了。为了确保国家粮食安全，把中国人的饭碗牢牢端在自己手中，必须守住18亿亩耕地红线。所以，从这个角度讲，转型升级就是要将行业间生产要素再配置转向行业内部生产要素再配置，从而提高全要素生产率。也就是说要通过兼并重组、优胜劣汰，坚决消灭僵尸企业，从而

让行业内没有竞争力、低效率的企业有序退出，使生产和市场向高效率企业转移和集中，提高行业集中度、竞争能力、盈利能力、创新能力以及全要素生产率。

三、努力缩小与发达国家的差距

经过几十年的快速追赶，我国产业已达到跟随、并跑与领跑并存的新阶段，所谓"跟随"是紧紧跟随世界先进水平，"并跑"是与世界先进水平处于同一起跑线，"领跑"是说有些产业已经处在全球的最前列。在这个阶段，引进、消化、吸收国外先进技术的空间大幅度缩小。转型升级，就是从引进、消化、吸收国外先进技术转向以自主创新为主的新阶段。

未来将主要依靠科技创新，逐步改变核心技术、关键零部件受制于人的不利局面，在高附加值、高科技含量产品的生产上确立新优势，提升产业在全球价值链中的地位。这一阶段还可细分为两步：第一步，转变到以模仿式创新和商业模式创新为主的阶段；第二步，当中国越来越多的产业进入到领跑阶段后，将会转变成以前沿式创新为主的阶段。

四、改革开放的主力在于工业制造业领域

如今我国制造业通过全面对外开放、全面参与全球竞争及融入世界经济，取得了长足的发展和进步，竞争能力大幅提高。今天所谓的转型升级，指的是从以工业制造业开放为主转向以服务业的全面对外开放为主，提高了服务业领域的效率和竞争能力，也就是我们所说的全面对外开放新格局。服务业领域众多，行业之间差异明显，很多行业还具有特殊性。这些领域的开放不仅涉及对外开放问题，还涉及对内开放和改革的问题。

第二章 市场经济的发展

第一节 市场经济发展的制度基础

一、主要市场经济模式对比

（一）自由市场经济模式

自由市场经济模式以亚当－斯密的古典政治经济学理论和18世纪中期英国工业革命的实践为理论依据，主张国家对私人企业尽可能少干预，实行自由经济、自由贸易；企业高风险、高利润；强调个人自由，反对国家制定经济发展规划。

自由竞争的市场模式有利于投资和生产力的发展，起源于英国，在美国达到巅峰。这种模式中积累的决策权主要在私人公司，它们可以自由地、最大限度地追求短期利润目标，通过金融市场获得资本；劳动者享有有限的和法律明文规定的劳动所得和社会权利，信奉个人主义和自由主义。它能充分发挥市场竞争的优势，在科技创新和必要的政府干预基础上，解决资源配置的动力问题。企业在技术、管理、产品、生产方式创新等方面，处于发达国家的最高水平。

自由市场经济不是完美无缺的。自由市场经济在理想的运行情况下假设人们都是理性的，但事实上并非如此。一个股市上的小道消息或房地产泡沫都很容易导致不理性的行为。假冒伪劣商品，恶性垄断也时常发生。在这些情况下，政府当然需要进行一定的限制措施以防止不理性行为的危害。至于政府应该参与多少，还需要更深的研究与调研。

（二）社会市场模式

社会市场经济是一个建立在市场经济基础之上的、各种理念共容并不断演化、开放的经济制度。它不是自由放任式的市场经济，而是有意识地从社会政策角度加以控制的市场经济。社会因素永远包括在市场经济之内，扩张性的高增长率的经济政策就是优良而直接见效的社会政策，不能用资本主义，而要用一个给公民重新带来自由发展的新体制取代效率低下的计划经济。这种体制应当能够显示出高度的自主权、职业选择的多样性和社会进取机会，有效地利用自然资源，启动具有生产性和创新性的发展进程，从而实现"为了全体人民的富裕"。银行和公司间关系密切，银行以股东和放款人的双重身份对公司实行监督，追求创造高利润、利益分配平衡和较高的收入水平。国家对资本积累的直接干预程度比较小，但政治体制严格确立了一整套劳工权利和福利措施，使得有组织的劳工拥有了一个颇有影响的市场和直接参与劳资谈判的能力。

社会市场经济是根据市场经济规则运行的，辅以与市场规律相适应的社会政策，有意识地将社会目标纳入的经济制度，是一个各种社会目标共容、不断演化和开放的经济社会秩序，不应偏离"只有一种市场竞争秩序才有可能提高人民福祉和导向社会公正"的核心主张，即借助竞争秩序实现的经济增长是社会福利的基础，增长政策优先于分配政策；经济政策的主要任务是确保价格稳定与完全竞争，以建立和维护竞争秩序。

（三）比较与借鉴

在中国模式中，市场与政府关系的本质是政府主导下的社会主义市场经济。基于社会主义性质，中国坚持以公有制为主体、多种所有制共同发展的基本经济制度作为处理市场与政府关系的基础；在经济运行中，中国坚持政府主导的市场经济体制，政府通过控制投资方向和投资规模主导经济运行方向，通过加强供给管理统筹协调经济运行结构，通过宏观调控和微观规制克服市场缺陷；在收入分配中，中国坚持市场初次分配与政府再分配相结合，兼顾公平与效率；在对外经济中，中国坚持市场调节与政府调节相结合，建立自力主导型的多方位开放体系。

我国市场经济模式脱胎于苏联的计划经济模式，现在依然保留了高投入的特色，进入21世纪，随着国力不断强盛，城乡一体化加快，以改善民生为主要内容的社会保障制度逐步建立，德国、瑞典社会市场模式给了我们不少启示。西方三种市场模式各有千秋，我国社会主义市场经济模式从自由市场竞争模式中吸取了竞争和法制的内核，从社会市场模式中吸取公民权利和社会保障的内容，从政府主导型模式中借鉴产业政策和主动调控的经验。

目前，中国经济就处于基本需求得到满足的初级阶段，经济发展处于以投资和出口拉动的追赶型经济向以提高生产率为目标的创新型经济转型的阶段。因此要想成功地完成经济转型，中国需要在深化改革、对外开放和自力更生三个方面下功夫。首先，中国要深化改革。中国很多传统产业的动能还没有被充分释放与利用，因此既要打破生产资源在地域、体制和身份等方面的界线，实现同工同酬等最基本的社会标准，又要打破企业等级界线。其次，改革推手本身要开放，改革本身也要开放，在一些领域要继续简政放权，在另外一些领域却要增加政府干预与领导。这就需要一个多元、多样的改革格局，需要一个在不同领域、不同地区有较大差异的更加自主、积极的改革模式。最后，要更加强调自力更生。中国要在充分的国际竞争中加强自主创新，掌握核心生产力。要实现这一转换，我们就要在很多领域进一步调整。第一，我们要实现国家治理的法治化和机制化，把党对国家的领导内化到法治和机制层面，增强政策的可预期性，在制度层面保障企业、个人自主创新的成果及其收益。第二，中国要调整分配体系，让一线教育、生产、科研和管理人员获得更大利益，促进并保护知识创新及其相应权益，维护产权关系。

市场经济也不能脱离特殊的社会形态、历史环境而独立存在。不同的发展阶段、不同的社会形态、不同的自然条件等因素导致不同国家的市场经济在性质、内容等方面存在很大不同。政府干预，也不是计划经济体制所独有。世界经济发展的历史已经证明，市场经济要健康运行，离不开政府对经济的适度干预。市场与政府的关系，或者说二者之间的组合，会因每个国家的历史、政治、经济和文化等因素而不同。目前，世界上也没有一种市场与政府的组合是完美的、普适的。唯一可以确定的是，市场与政府关系只要符合一国经济发展的实际，能够促进该国经济健康、持续发展，那么它对于这个国家就是合理的。中国模式中市场与政府关系的本质是政府主导下的社会主义市场经济。现阶段这一模式较为正确地处理了市场与政府的关系，促进了中国经济快速可持续发展，证明了它是适合中国的、是合理的、需要坚持下去。

二、市场经济发展制度的内涵

市场经济体制，是市场运行的具体制度安排或运行方式。市场经济是指市场对资源配置起决定性作用的经济。市场经济和计划经济相对，市场经济体制和计划经济体制相对。通常市场经济也叫市场经济体制。

(一) 市场经济体制的基石——产权制度

产权制度是市场经济体制的基石。产权保护是人类文明的需要。有恒产者有恒心。根据经济学理论，产权是对经济主体财产行为权利的法律界定。市场经济是一个不同利益取向的经济主体在产权明确界定的条件下进行公平自由交易的经济系统。

在市场经济中，产权用以界定人们在交易中如何受益、如何受损以及如何补偿的行为权利。现代产权理论认为，产权的本质是一种排他性权利。在排他性权利制度中，各经济主体的权利边界是清晰的，具有追求自身利益的权利，但要受到他人权利的约束，即人们的行为不能损害他人的权利。在这种对自己利益的最大化追求和受他人权利制约的制度规制下，经济活动趋于有序和高效。现代社会依靠有效的产权制度，可以为经济增长提供强有力的支持。产权制度才是经济体制的基本要素，产权决定激励机制和人们的行为方式，因而对经济效率产生重要作用。

产权制度之所以是现代市场经济体制下经济制度的基本要素，是因为它从以下几个方面影响或决定着资源配置效率和经济制度效率。

第一，如果产权是界定明确的，那么交易的受益效应和受损效应在更大程度上对交易当事人发生影响，即交易当事人完全对自身行为的结果负责，从而减少交易的外部性，提高社会总福利水平。例如，专利法的保护使得创新受益向发明者集中，从而给予创新活动有效的激励，并有利于社会进步。完善的产权保护制度，对稳定心理预期、增强人们的信心具有重要意义。目前，中国出现民间资本固定资产投资大幅下降的现象（而且问题仍在惯性发展中），原因固然很多，但不可否认的是民营企业缺乏产权保护的安全感。从实践来看，中央文件是切中时弊的。对于矫正并稳定社会预期，给整个社会提供"定心丸"和"定盘星"具有重要作用。

第二，现代产权制度是社会信用体系的基础。界定明确的、受法律保护的产权减少了经济活动中的不确定性，使经济当事人的利益预期和法律责任清晰化。现代市场经济的交易基本上都是以信用为中介的交易，诸如合同、债权债务、担保、保险、票据等交易活动。如果信用缺失，则市场交易的风险增大，欺诈、造假、失信等行为大行其道，造成交易成本上升，市场秩序混乱，经济效率下降。所以说，市场经济是信用经济，而信用体系的健全和完善是依赖于产权制度的。如果产权界定不清和缺乏保护，交易主体的权利、责任、义务缺乏法律制度的规制，交易就没有安全性可言，经济的运行效率会深受影响。

第三，现代产权制度保证了一种自由选择和公平交易的经济关系。产权明确界定保证了交易的受益效应和受损效应都由交易当事人直接承担，这就决定了交易当事人拥有自由交易的权利。交易当事人根据成本与收益的比较作出是否交易的选择。当大量的交易都在这种条件下进行时，整个社会的资源配置就会优化，并实现社会福利的增长。中国是社会主义国家，中国特色社会主义制度的生命力体现在遵循现代人类文明的基本取向，使整个社会成员都能享受公平正义。完善产权保护制度，恰恰是整个社会成员都能享受公平正义的重要方面。这是中国特色社会主义制度的制度文明之所在。

（二）市场经济制度的特征

市场经济是由生产力发展水平和不同利益关系决定的一种经济形式，它有自身的规定性。这种规定性是不同社会经济制度下市场经济的共性或一般性。不同的社会制度条件使市场经济的发展具有不同的特点，表现为市场经济在不同社会条件下的特殊性。

市场经济作为经济机制，它的基本特点或内在要求就在于通过运行的自主性、平等性、竞争性和有效性来配置资源。而社会主义市场经济强调的是在社会主义经济下发展市场经济，而不是说市场经济本身具有资本主义和社会主义性质的区分。在社会主义条件下发展市场经济，必然受到社会主义基本经济制度的制约和影响，从而使社会主义市场经济呈现独特的基本特征。

1. 以公有制为主体

社会主义制度的核心在于生产资料的公有制，社会主义与市场经济的结合问题实际上是公有制与市场经济结合的问题。生产资料所有制是社会生产关系的重要基础。如果在理论上淡化公有制，在实践中不坚持公有制的主体地位，社会主义就将成为一句空话。当然，在现阶段，以"公有制为主体"

还要摒弃越大越公越纯越好的观念。

公有制经济不仅包括国有经济、集体经济,还包括混合经济中的公有成分等;公有制经济的主体地位,不仅要体现在数量上,还要在质量上具有竞争力、控制力;在所有制结构上,以公有制经济为主体、多种所有制经济长期共同发展,国有企业通过平等竞争发挥主导作用;在分配制度上,以按劳分配为主体,多种分配方式并存,效率优先,兼顾公平,以共同富裕为目标;在宏观调控上,能把当前利益与长远利益、局部利益与整体利益结合起来,更好地发挥计划与市场两种调节手段的长处、影响力和带动力。

在以公有制为主体的前提下,非公有制经济也是社会主义市场经济的重要组成部分。在社会主义初级阶段,生产力发展的水平低,发展很不平衡,客观上就要求多种所有制经济共同发展。非公有制经济与市场经济有着天然的联系,如产权清晰、机制灵活、适应性强,能在经济发展中发挥重要作用。因此必须鼓励支持和引导非公有制经济有更大更健康的发展,使非公有制经济在社会主义建设中发挥更大的作用。

2. 以计划为指导

市场具有各自的优势和长处,也有各自的局限和短处。计划调节的优势范围主要在宏观领域,能有效地对经济总量进行控制,但对微观经济活动难以发挥有效的调节作用;市场调节的优势范围主要在微观领域,能有效地激发经济主体的活力,但对经济总体的平衡、宏观经济结构的调整、生态平衡和环境保护等调节显得无能为力。

马克思主义经济学确切地证明,克服市场经济盲目性和无政府状态的根本手段就是计划,而不是宏观调控。只要社会主义不以盲目无序的市场经济为追求,那就不能不要计划。摒弃计划,不论市场体系多么发达、市场机制怎样健全,市场经济总是脱不了盲目与无政府状态,因为它只有一只"看不见的手"。脱离计划的市场经济,是没有资格称为社会主义市场经济的。[①]

在我国社会主义市场经济的发展中,市场与计划各有其客观上的地位和作用范围,前者是基础性的,后者是全局性和方向性的。这两者在社会主义条件下必定会发生合理的关系,主要体现在以下几个方面:一是市场与计

---

① 孙小泽,许彩慧. 马克思主义经济学方法论的内容体系及当代启示[J]. 大连干部学刊,2022,(第5期):25-31.

划互为补充、互为依存；二是市场以计划为指导，计划以价值规律为基础，二者相互渗透；三是微观经济活动靠市场，宏观经济活动靠计划。上述关系或关系类型，既不具有相互对立与否定的性质，也不具有先后继起性。这些关系构成了市场与计划关系的内涵。对关系国计民生的产业，我们应加大计划调控的力度，尽可能纳入公有制的范畴：比如涉及粮食安全、金融安全、能源安全、网络安全等方面的产业，公有制应占主导地位。又如疫苗、食盐等产业，也应由公有制为主导。对市场能有效调节的产业，我们可以充分发挥市场的作用。比如，服装、珠宝、自行车等产业，就可以让市场去充分调节。对有些产业，我们也可以实行计划和市场两条腿走路的方针。比如农业，我们可以一部分实行计划，另一部分实行市场。实行计划，是为了保障粮食安全；实行市场，是为了充分发挥市场的激励效应。再比如教育和医疗，也可以实行计划和市场两条腿走路的方针。

3. 以共同富裕为目标

共同富裕，是中国共产党带领人民追求的一个基本目标，也是自古以来我国人民的一个基本理想。按照马克思、恩格斯的构想，共产主义社会将彻底消除阶级之间、城乡之间、脑力劳动和体力劳动之间的对立和差别，实行各尽所能、按需分配，真正实现社会共享，实现每个人自由而全面的发展。实现共同富裕，反映了社会主义的本质特征，体现了坚持以人民为中心的根本立场。

达到全体人民的共同富裕，是社会主义的本质所在和最基本的追求，因而也必然是社会主义市场经济的基本特征。

市场经济能够促进生产力更快发展，有利于增加财富、共同富裕，但同时必然带来两极分化。我国实行市场经济以来，社会贫富差距拉大，以致可以得出这样的结论：我国市场经济目前显现出来的功能和作用与资本主义条件下的市场经济具有相似性。严格和彻底意义上的中国社会主义市场经济必须具有共同富裕的内在特征，并且能实现它。能够实现共同富裕，是我国市场经济真正成为社会主义市场经济的关键，因而它也是区别于资本主义市场经济的关键所在。

要完成全体人民共同富裕的宏伟目标，必须坚持以人民为中心，在全民共享、全面共享、共建共享、渐进共享中，不断实现好、维护好、发展好最广大人民的根本利益；要紧扣新时代我国社会主要矛盾的新变化，自觉用新发展理念统领发展全局，着力破解发展不平衡不充分问题，不断满足人民日益增长的美好生活需要；要以保障和改善民生为重点，多谋民生之利、多解民生之忧，发展各项社会事业，加大收入分配调节力度，打赢脱贫攻坚战，努力补齐民生短板、促进社会公平正义；要大力弘扬"幸福都是奋斗出来的"理念，鼓励人民群众艰苦奋斗、勤劳致富、守法经营，通过自身努力创造美好幸福的生活。

我国是社会主义制度的国家，在这个大家庭中农民占绝大多数，因此我国社会主义市场经济尤其要关注农民。农民作为市场主体远比其他任何市场主体都大，发展市场经济使人民共同富裕，其重点、难点和核心就是使农民逐步富裕。

从我国实际出发，使农民通过市场经济走向富裕，根本在于以下两点：坚持发展乡镇企业，使自然经济转向市场经济；以发达的交通、通讯和社会化流通体系把浩如烟海而又分散的农民同整个国民经济连接起来。只有这样才能真正实现共同富裕的目标。

4. 坚持党的领导

中国共产党的最高纲领是实现共产主义，在社会主义条件下发展市场经济，是中国共产党人的伟大创举。社会主义市场经济与一般市场经济的重要区别就在于市场机制与社会主义制度的优越性相结合。

中国共产党是人民根本利益的忠实代表，是各项事业的领导核心。改革开放是党在新时代条件下带领人民进行的新的伟大革命。只有坚持党的领导，才能始终保持现代化建设的社会主义方向，才能为社会主义现代化建设创造稳定的社会环境，调动各方面的积极因素，搞好社会主义现代化建设。

要完善领导市场经济的新体制、新机制和新方式，就要遵循客观经济规律，坚持民主原则，充分发挥政府部门、经济单位和广大群众的积极性，在宪法和法律允许的范围内，履行经济建设的领导职责。

第二节 市场经济的决定性作用

一、我国"市场经济决定性作用"的主要特征

（一）从"计划"走向"市场"

经济体制改革是全面深化改革的重点，核心问题是处理好政府和市场的关系，使市场在资源配置中起决定性作用和更好地发挥政府作用。由"基础性作用"改为"决定性作用"，说明市场化将成为新一轮改革的基调，显示市场化改革将进一步深入，表明我国市场化改革将更加全面和更加深入，体现出中国坚持社会主义市场经济改革方向的坚决态度。

改革开放40多年的实践经验告诉我们：市场在资源配置中作用的大小，政府与市场关系处理的正确与否是关系到我国经济体制改革成败的关键环节。但是市场在资源配置中的决定性作用究竟要如何体现呢？

首先，在行政体制方面，要切实转变政府职能，深化行政体制改革。今后我们要坚持以市场化改革为重点，深化行政体制改革，转变经济管理模式，加大政府的放权力度，减少政府对微观经济活动主体的干预，建立公平开放透明的市场规则。一方面要做到将政府的权力关到笼子里，限制政府行为；另一方面，要改变政府对经济的干预模式，由直接干预转向间接干预，为充分发挥市场作用提供行政补充。

其次，在价格改革领域，完善现有的市场价格机制，这就包括了资源价格、金融价格、土地价格等各个领域的市场化。尽管我国已初步建立了一个较为完整的市场体系，但这个体系还远不完善，在许多领域特别是在一些资源品方面还存在着严格的行政管制，价格扭曲的问题仍比较突出。今后的改革既要在价格垄断领域打破垄断，实现价格由市场来决定，又要完善现有的价格决定机制，提高市场效率，合理确定市场价格。通过改革，实现利用合理的市场价格机制来配置资源，从而提高资源配置效率，进一步促进经济发展。

再次，在土地改革方面，要建立城乡统一的建设用地市场，破解城乡二元土地制度，以及赋予农民更多的财产权利。这意味着今后城市和农村土

地有同等权力，农民所拥有的土地、房屋的权利将被确认。一方面可以使农村土地通过市场进行交易，不仅规范了对农村土地的征用，还可以提高对被征地农民的补偿和保障水平；另一方面，通过建立完善的城乡用地市场，可以充分发挥市场在土地资源配置中的作用，提高土地配置效率，稳定房地产市场。

最后，在金融市场领域，要完善金融市场体系，促进国际国内要素有序自由流动，构建开放型经济新体制。第一要完善金融市场，例如发展民营金融机构和非银行金融机构、完善金融价格市场化等；第二要推动资本项目的开放。金融市场体系与金融改革密切相关，金融改革的实质就是实现金融资源市场化，让市场发挥作用，解决金融资源供给与需求的错配关系，提高金融资源的利用效率。因此，对于金融市场体系的建设包括以下几个方面，一是要形成以市场为主导的金融产品定价机制；二是要建立多层次的资本市场，放宽民间资本的投资准入门槛，全面打破垄断，大力发展民间金融机构以及保险、信托、期货、基金等非银行金融机构；三是要逐步推进人民币资本项目可兑换以及增强人民币汇率的弹性，推进利率市场化，实现人民币的国际化。

市场的发展确实能够激发中国经济增长的潜力，解决现有的一些经济发展障碍，对提升资源配置效率和社会经济活力等方面都有重要的作用。但是中国是一个社会主义国家，我们要发展的是社会主义市场经济，并且我国经济社会发展水平与发达国家相比仍有较大差距，这就要求我们在推进市场化进程中要结合中国实际，不能照搬西方模式，也不能过分地高估市场的作用，寄希望于市场解决当前中国经济的所有问题。在改革中，一方面，我们要借鉴国外的成功经验，在广度和深度上推行市场化；另一方面，要结合我国的实际，保持国有经济的地位，以及恰当的行政干预，建设有中国特色的社会主义市场经济，即以市场为主体，以政府为辅助的社会主义市场经济。充分发挥市场在资源配置中的决定性作用，绝不是说政府无所作为，而是应坚持有所为、有所不为，着力提高宏观调控和科学管理的水平。宏观调控的手段和方式多种多样，除了传统的财政政策、金融政策、投资政策、消费政策等，还有宏观规划、收入分配、社会游说、行业自律、技术标准等。无论是传统的还是其他宏观调控手段，重点在于保障经济稳定增长，完善基本公共服务均等化，建立新型的收入分配制度，提高人们的生活水平和全社会的福利水平。

发挥政府宏观调控作用，就要求进一步转变政府职能和提高透明度。政府宏观调控应当从当前无所不包、无所不管的状态中解放出来，健全科学的宏观管理体制与方法，改革计划、投资、财政、金融等专业职能部门的管理体制，将非政府职能转移到行业组织等市场中介机构。政府的职能主要是统筹规划、制定政策、组织协调、提供服务、监管市场。

许多市场经济国家普遍是"小政府大市场"。"小政府"是指进一步明晰政府职能，不缺位、不错位、不越位。"大市场"是指提高透明度，既能够促进政府部门完善服务职能，又能够引导生产者和消费者的市场行为，保障行业协会等市场中介组织有效运转，最终有效地发挥政府宏观调控作用。在传统的市场经济体系下，政府和市场分别扮演着看得见与看不见的手，前者主要提供发展环境、公共产品与服务，后者则主要进行资源配置。处理好政府和市场的关系，就是要使二者各司其职、各负其责，让两只手形成合力。倘若政府管理职能太大，便会在无形中压制市场的活力，而通过减少管制和审批，"小政府"则更会提升社会效率。调整政府与市场的关系，实际上是将政府权力向社会让渡的放权运动，这就不可避免地触及此前权力过大管理部门利益。在少数地方，此类部门利益甚至通过部门立法方式加以固化，因此变得愈加不可撼动。恰因为此，也可预见此种放权改革将"触及灵魂"。从这个角度来说，重塑政府与市场的关系尤其需要顶层的制度纠偏，以及大力推进改革的勇气。改革未有穷期，中国还在路上。政府与市场的关系是经济体制改革的核心问题，让经济体制激发更大的市场活力，进而惠及所有国民，在过往的改革中我们已多次践行，此次也不会例外。

市场经济（又称为自由市场经济或自由企业经济）是一种经济体系，在这种体系下产品和服务的生产及销售完全由自由市场的自由价格机制引导，而不是像计划经济一般由国家引导。市场经济也被用作资本主义的同义词。在市场经济里并没有一个中央协调的体制来指引运作，但是在理论上，市场将会透过产品和服务的供给与需求产生复杂的相互作用，进而达成自我组织的效果。市场经济的支持者通常主张，人们所追求的私利其实是一个社会最好的利益。

对于市场经济的经济原则有许多不同的批评。这些批评者分布相当广泛,从彻底反对市场经济到计划经济的支持者,例如社会主义的支持者、那些希望政府实行大量管制的人、那些认为人性的贪婪是注定不道德的人。对于市场经济在实践上的主要批评之一,便是主张市场的外部性(即那些无法经由市场价格反映出的问题)将会造成大浩劫,如环境的污染。另一项批评则主张市场经济将会产生垄断,市场最终会毁灭自身的机制。一些市场经济的支持者认为政府不该减少市场的自由,因为他们不同意市场本身存在外部性,认为那其实是政府制造的,也不认为市场上存在着需要政府介入才能解决的问题。其他一些人则认为政府应该在适当的程度下介入市场,以避免市场失灵。在社会市场经济的模型里,国家将会针对那些市场无法满足其参与者需求的部分进行干预,约翰-罗尔斯便是这种概念的著名支持者。经济学家所定义的自由市场模型,则是一个完全没有政府干预或其他强迫力量的体制。这种理论上的自由市场经济实际上可能有许多无法合法进行的部分,不过地下经济便可以被视为是自由市场经济的实践。

(二)"市场决定性作用论"与"市场决定性作用论"

第一,新自由主义"市场决定性作用论"主张市场原教旨主义和唯市场化,否定必要的政府干预,而中国特色社会主义"市场决定性作用论"在保证市场在资源配置中应有的决定性作用的同时,也强调国家宏观调控和微观规制。

新自由主义的"市场决定性作用论",主观臆断市场能够自发地完成一切资源的合理配置,当出现供求不平衡时,市场的自发力量就能很快使供求趋于平衡,任何形式的政府干预都不能起到预想的效果,只能使经济变得更糟糕。这种"市场决定性作用论"通过否定总需求不足,不会出现长期的就业不足,失业率与通货膨胀之间不存在替代关系,理性预期使得宏观调控政策失效等方式来否定政府干预经济的合理性。这种"市场决定性作用论"认为政府的宏观调控并不能起到平滑经济波动的效果,相反,正是因为政府频繁干预经济,影响了经济自身的调节功能,增加了经济的不稳定性,使得宏观经济波动更为强烈。各国和全球经济实践表明,宏观经济运行并不像新自由主义认为的那样,是无摩擦、无成本和参与主体完全理性或者具有理性预期的,而是具有较高的成本并且充斥着大量的非理性行为。所以,迄今为止凡是采用新自由主义市场决定论的国家，没有一个不产生严重的经济社会问题。市场调节具有自发性、盲目性和事后性等特点，它对于保证经济总量平衡，防止经济剧烈波动，对于合理调整重大经济结构，对于防止贫富悬殊、两极分化，以及对于生态环境和自然资源的保护等，所有这些，市场调节或者是勉为其难的，或者是无能为力的。

中国特色社会主义"市场决定性作用论"，首先要求市场在资源配置中起决定性作用，但同时也强调国家宏观调控和微观规制并存。以公有制经济为主体的社会主义大国，有必要也有可能将宏观调控中运用计划手段指导国民经济有计划按比例发展。国家的宏观调控和市场机制是社会主义市场经济体制条件下配置资源的两种手段，是相辅相成的，即国家宏观调控建立在市场机制基础之上，而市场则在国家宏观调控之下运行。例如：虽然市场可以通过经济主体的自利行为达到一定程度的资源优化配置，但是有时市场配置资源的结果并不是全社会福利最大化要求的结果，因为企业和市场可能只着眼于当前和本位的经济效益，而缺乏对长期和全局的综合经济社会利益的谋划和行为；单纯依赖市场配置，便会出现凯恩斯所指出的"有效需求不足"和就业不充分的严重状态；市场经济自身缺乏稳定性，不论资本主义市场经济还是社会主义市场经济，只要市场发挥资源配置的基础性或决定性作用，就需要克服市场自身具有的盲目性；社会所有制结构以及由此决定的国民收入初次分配的合理性需要国家来适度调节，因为财富和收入分配调整是国家调节的重要目标之一。

中国特色社会主义"市场决定性作用论"主张微观调节或微观规制，不是采取计划经济体制中的微观管制，而是为了保证市场的健康发展，保证微观经济主体能够采取符合国家经济发展战略和符合全社会福利的经济行为。国家的宏观调控不能取代微观规制，因为宏观调控不是为了解决微观层次上的市场失灵问题，而是为了解决宏观层次上的市场不稳定性问题，至于微观层次上的市场失灵，则要求政府采取相应的微观经济政策。微观规制存在的必要性在于：单纯依赖宏观经济调控，能够起到指挥市场配置资源方向的作用，但是在某些领域并不能保证市场更为合理地配置；为了鼓励或限制某些经济行为或者引导资源配置需要微观规制，某些战略性领域，目前投入不会产生经济效益，但能够提升我国相关产业的未来竞争力，为了保证国家经济安全或者产业安全,对某些金融行业进行微观管制等;为了保证市场经济主体地位相对平等,对某些垄断行业和外部性较强的行业实行微观管制,对劳动者基本权益保护包括基本生产条件、基本社会保障待遇、最低工资和维护劳动者集体谈判的权利等等。

第二,新自由主义市场决定性作用论主张一切资源的长短期配置均由市场决定,而中国特色社会主义市场决定性作用论应限于一般物质资源和部分服务资源的短期配置,而非指地下资源等重要物质资源的配置和许多一般资源的长期配置。

市场配置资源的机制是通过市场主体的自利行为,是在"看不见的手"的作用下完成的,这容易导致市场主体着眼于短期利益和自身利益,不易将长期利益和公共利益纳入决策考虑因素之中,因而不宜把市场决定资源配置的范围无限化。譬如,市场决定性作用论在某些高新技术领域,由于研发成功的不确定性、未来市场的不确定性,以及投资的长期性,会出现资源配置不足的情况;在国防、金融和信息安全等领域,如果单独依赖市场,也会出现各种资源配置不足的情况;由于市场的趋利性会导致某些违反法律、法规和具有负外部性的领域出现过度配置资源的情况。因此,新自由主义的市场决定性作用论单纯强调依赖市场调节,是不利于各种资源高效配置的。

中国特色社会主义市场决定性作用论指出:只有关系国家安全和生态安全,涉及全国重大生产力布局、战略性资源开发和重大公共利益等项目才能由企业依法依规自主决策,即通常说的由市场决定资源配置。尤其是我国处于社会主义初级阶段,生产能力和技术水平与世界发达水平还有一定的差距,要尽快走完资本主义国家几百年的发展历程,达到世界中等发达国家水平,必须积极发挥国家的作用。要在一些具有战略重要性但短期内并不带来经济价值和对国家经济、社会安全起到关键作用的领域优先配置资源。对我国长期经济发展和经济安全发挥关键性作用的石油、煤炭和矿产等地下资源和土地资源,也需要从国家战略角度进行整体、统一的规划和调控。我国既是社会主义国家,同时也是发展中国家,要想保持经济数十年的持续快速发展,实现跨越式发展目标,国家必须要在某些高新技术领域进行提前投资,投资的高风险性、收益的长期性导致只能由国家来承担。我国经济快速发展需要基础设施投入先行,并且要保证基础设施公益性的特点,也只能采取主要依赖于国家投入的方式。诚然，在国家调节的同时，不仅要充分发挥市场在微观经济领域的重要作用，还要发挥市场在宏观经济领域的必要作用，因为宏观经济领域也不只是单纯的国家调节。

第三，新自由主义市场决定性作用论主张市场在文化、教育、医疗等某些非物质资源配置领域起决定作用，而中国特色社会主义市场决定性作用论只主张需要引进适合这些领域的市场机制，而非大多数都由市场决定。新自由主义的市场决定性作用论，要求政府只承担"守夜人"的职能，对于众多关乎社会发展、人民福利的文化、教育、医疗领域，也要坚持主要依赖市场配置资源的方式。如果上述三个方面主要依赖市场来配置资源，便不会符合广大人民群众的利益，会引发严重的经济社会问题。如果完全依赖于市场配置资源，文化领域就会被拜金主义、享乐主义、唯利是图和低级趣味等资本主义腐朽思想所占领；如果完全依赖于市场配置资源，教育领域就会成为只有富人阶层和权力阶层的子女才能享受的特权，普通百姓的子女将很难有接受优质教育的机会，教育机会的不均等将会加剧其他方面的不平等，医疗资源必然只会配置给富人阶层和权力阶层，普通民众将很难负担高昂的医疗费用，会被排斥在享受合理的医疗卫生服务之外。[①]

二、市场在资源配置中发挥决定性作用的主要表现

我国要紧紧围绕市场在资源配置中起的决定性作用来深化经济体制改革，坚持和完善基本经济制度，加快完善现代市场体系、宏观调控体系、开放型经济体系，加快转变经济发展方式，加快建设创新型国家，推动经济更有效率、更加公平地可持续发展。经济体制改革是全面深化改革的重点，核心问题是处理好政府和市场的关系，使市场在资源配置中起决定性作用和更好地发挥政府作用。这是公告提出的一个重大理论观点，释放出改革方向的新信号。

（一）坚持市场化改革方向

过去我们说市场是配置资源的基础性作用，而现在则是决定性作用，这是一个巨大的飞跃，具有重大的历史意义。对市场作用提法的升级，凸显了中央坚持市场化改革方向的决心，打消了一些人对中国未来发展改革方面

---

① 徐俊峰.社会主义"市场决定性作用论"的衍生逻辑及实践启示[J].当代经济管理，2016，（第3期）：1-7.

的疑虑，预计未来经济体制改革将有一系列新的重大突破。这意味着政府会进一步向市场放权、向社会放权，主动、有意识地逐步退出市场，减少非市场干预，加快政府职能转变。

计划机制和市场机制是资源配置的两种方式，改革开放之前，高度集中的计划经济体制配置资源的效率是极低的，实践证明也是失败的，改革开放以来，市场机制在资源配置中的作用越来越凸显，但长期的计划经济体制还留有深远影响，在资源配置中仍起到主导作用。党的十四大报告提出我国经济体制改革的目标是建立社会主义市场经济体制，提出要让市场在资源配置中起到基础性作用，市场机制在资源配置中所起的作用占据主导地位，计划机制则占次要地位。党的十八届三中全会报告指出，要紧紧围绕使市场在资源配置中起决定性作用深化经济体制改革。这就表明在资源配置中市场机制的作用进一步增强，资源配置由市场机制而不是计划机制决定，市场机制的资源配置效率要远远高于计划机制。

（二）核心问题是处理市场和政府的关系

过去我们的改革，出现了一些问题，概括起来就是两个方面，一方面是有些领域的改革应该以市场为主体，政府是越权的、是干预的，比如资源价格和利率市场化等问题，一直没有放开；而另一个方面的问题是有些领域的改革应该由政府为主体，比如说与百姓相关的医疗、社会保障以及生态环境等民生问题，但政府实际是缺位的。所以使市场在资源配置中起决定性作用和更好发挥政府作用是改革的两个方面，不仅要突出市场的作用，还要加强政府宏观调控的能力，才会形成更加有活力的市场机制。一方面市场能管的政府不要管，由市场自行解决，另一方面在公共服务领域，要更好地发挥政府作用，进一步厘清政府权责边界，使政府更好地履行公共服务、市场监管、社会管理等职责。

在经济生活领域，我们要实行市场主导下政府的有效作用，而不是政府主导下市场的有限作用，这将更大地激发市场活力、更能理顺政府市场关系。第一，只有让市场在资源配置中更大程度、更大范围地发挥决定性作用，市场才有活力，经济才有活力。第二，从现实生活来看，政府对资源配置的权力过大，对微观经济活动介入过多，不仅压抑市场活力，同时也压抑了经济发展的活力，所以无论从市场发展的规律还是现实生活来看，简政放权的政府职能转变是激发经济活力最关键、最重要、最基础的一个问题。

（三）发挥"市场形成价格"作用

市场在配置资源中的决定性作用，本质上就是要发挥"市场形成价格"的作用。如果我们不能够充分发挥市场的决定性作用，价格信号不强，资源配置就会受到各方面的干扰。对建立公平开放透明的市场准入制度、完善主要由市场决定价格的机制、完善税收制度、深化教育领域综合改革、建立更加公平可持续的社会保障制度等关系国计民生的诸多领域进行全面深化改革，作出战略部署。这些改革举措在未来将会对中国的发展和人民生活水平的进一步提升产生重大影响。比如，利率的市场化在呼吁了多年后才有了阶段性进展，央行允许商业银行在指导利率下区间浮动，距离利率的完全市场化还相差甚远。在市场各要素的价格形成中，最重要的就是资本价格的形成，而利率市场化就是资本价格市场形成的体现。

除了利率的市场化，我国资源品的价格也是长期扭曲的。为了赢得出口时的价格优势，我国的资源品定价普遍低于市场价格，造成我国资源的利用效率极低和成本极大、利润率极低和代价极大的扭曲局面，不利于我国由粗放式发展方式向集约式发展方式转变，所以资源品的价格要由市场决定。完善主要由市场决定价格的机制，凡是能由市场形成价格的都交给市场，政府不进行不当干预。推进水、石油、天然气、电力、交通、电信等领域价格改革，放开竞争性环节价格。政府定价范围主要限定在重要公用事业、公益性服务、网络型自然垄断环节，提高定价透明度，接受社会监督。完善农产品价格形成机制，注重发挥市场形成价格作用。比如一个咖啡店，它的定价可能很高，大家可以指责它定价过高，但政府部门不能要求它降价，因为这是一个充分竞争的行业，可以依照自己的定位来制定价格，它能一直经营下来，证明市场也接受这个价格。所以在接下来的改革中，要重点完善主要由市场形成价格机制的改革，建立现代化市场体系。

（四）建立现代市场体系

要使市场在资源配置中发挥决定性作用，就必须建立现代市场体系。现代市场体系的基本特征是统一开放，竞争有序，本质上就是要求生产要素能自由流动，不能像过去那样有区域限制、行业限制、部门限制，市场是被分割的，而不是统一的，且市场准入方面，民营企业和国有企业也是不公平的，市场并不是完全开放的，许多行业和领域都存在国有企业垄断的现象，不利于生产要素的自由流动，也就达不到资源的最优配置、竞争的有序开展。要毫不动摇地坚持和发展公有制经济，鼓励、支持、引导非公有制经济的发展。

改革先易后难，更要攻坚克难，改革就是解决一个又一个的难题，不改革难题更多，改革由问题倒逼产生，又在不断解决问题中得以深化。我国已在重要领域和关键环节改革上取得决定性成果，形成系统完备、科学规范、运行有效的制度体系，形成以市场在资源配置中起决定性作用的经济体系，各方面制度也更加成熟、更加定型。

更好地发挥政府作用是市场起决定性作用的保障。市场经济并不意味着政府无所作为、作用最小化。我们知道，"看不见的手"是建立在理性经济人的假设上。人有两种属性，一是人的自然属性，二是人的社会属性。人之所以为人，关键不在于人的自然属性，而在于人的社会属性。人的本质是一切社会关系的总和。抹杀了人的社会属性，就解释不了为什么在市场经济中还会发生许多经济的不确定性。也就是说，市场在资源配置中起决定性作用，并不是起全部作用。市场经济能解决效率问题，但无法解决公平问题；能解决惰性问题，但不能解决诚信问题。随着生产力的发展和市场规模的扩大，虽说市场具有配置资源、优胜劣汰、价值分配、经济评估等功能，但这些市场功能的有效发挥是有条件的，市场机制"有所不能"的方面必然导致"市场失灵"。因此，发挥市场在资源配置中的决定性作用的同时，我们也要更好地发挥政府作用。《中共中央关于全面深化改革若干重大问题的决定》对更好地发挥政府作用提出了明确要求，强调科学的宏观调控，有效的政府治理是发挥社会主义市场经济体制优势的内在要求，政府的职责和作用主要是保持宏观经济稳定，加强和优化公共服务，保障公平竞争，加强市场监管，维护市场秩序，推动可持续发展，促进共同富裕，弥补市场失灵。

发挥市场在资源配置中的决定性作用，就必须更好地发挥政府作用。要解决收入分配、教育、就业、社会保障、医疗、住房、生态环境、食品药品安全、安全生产等关系群众切身利益的问题，就要坚持发挥我国社会主义制度的优越性，发挥政府的积极作用，进一步坚持和完善市场经济制度。

制度是行为的规则，决定着一切经济发展活动和各种经济关系展开的框架。因此，建立有效的制度来支持市场发生作用，是现代经济发展的一个核心问题。有效率的制度从哪里来？政府是制度界定的主体，是整个经济领域最基础性的结构。《中共中央关于全面深化改革若干重大问题的决定》在阐述我国基本经济制度的功能定位时就旗帜鲜明地提出，公有制经济和非公有制经济都是社会主义市场经济的重要组成部分，都是我国经济社会发展的重要基础；在产权的保护上强调，公有制经济财产权不可侵犯，非公有制经济财产权同样不可侵犯；在政策的待遇上指出，国家保护各种所有制经济产权和合法利益，保证各种所有制经济依法平等使用生产要素、公开公平公正参与市场竞争、同等受到法律保护，依法监管各种所有制经济。在更好发挥政府作用的条件下建立起效率较高的市场经济制度，可以激励劳动者创造出更多的财富，可以让一切劳动、知识、技术、管理、资本的活力竞相迸发、让一切创造社会财富的源泉充分涌流、让发展成果更多更公平地惠及人民。

经济、政治、文化、社会、生态文明各领域改革和党的建设改革紧密联系、相互交融，任何一个领域的改革都会牵动其他领域，同时也需要其他领域改革密切配合。如果各领域改革不配套，各方面改革措施相互牵扯，全面深化改革就很难加快推进，即使勉强推进，效果也会大打折扣。

改革开放40多年来，我国发展进入了新阶段，改革进入了攻坚期和深水区。我国发展面临一系列突出矛盾和挑战，前进道路上还有不少困难和问题。如果说改革初期更多的是需要冲破僵化思维，大胆地试、大胆地闯，那么，今天面临的发展和改革局面显然要复杂得多，往往牵一发而动全身。这就要求我们必须注重改革的系统性、整体性、协同性，否则会造成顾此失彼。

我国长期处于社会主义初级阶段，发展仍是解决我国所有问题的关键。一方面，在六大领域改革中，经济体制改革是矛盾的主要方面，对政治体制改革、文化体制改革、社会体制改革、生态文明体制改革和党的建设制度改革起着决定性作用。另一方面，上层建筑又对经济基础起到能动的反作用。现在改革到了攻坚阶段，市场化改革必须和其他改革相配套，没有其他领域的改革，经济体制改革也不可能进行到底，已经取得的成果还有可能得而复失，并且新产生的问题也不可能从根本上得到解决。比如，如果不深化生态文明体制改革，不加快实行生态资源有偿使用制度和生态补偿制度，就会失去资源配置的效率和公平性。

面对新形势新任务，我们必须坚持正确处理改革发展稳定关系，胆子要大、步子要稳，加强顶层设计和摸着石头过河相结合，整体推进和重点突破相互促进，以经济体制改革为重点全面深化改革。唯有如此，我国发展面临的一系列突出矛盾和问题才能得到有效解决，中国特色社会主义制度自我完善和自我发展才能得到根本实现。

第三节 大数据时代市场经济的发展

一、大数据的内涵

随着计算机信息技术与互联网信息技术的快速发展，计算机网络技术已经渗透至各行各业，网络上的信息资源呈现爆发式增长，互联网信息技术的使用给我们的生活带来了极大的便利，但互联网上的信息十分庞杂，也给我们带来了巨大的困扰。大数据时代下的数据类型更加多样，传统数据处理技术已经难以满足多元化数据的存储与分析，大数据技术可以有效解决海量信息获取、存储、分析的难题。下面将深入地研究我国大数据技术的发展现状与面临的挑战，提出有针对性的发展策略，为我国的大数据技术的发展提供参考。

随着数字信息化技术的普及，人们使用互联网的成本越来越低，我国的互联网数据呈现爆发式增长。传统的数据存储模式过于依赖人工管理，对管理人员的素质要求较高，但IT从业人员的增长速度远远难以满足数据存储管理的需求。大数据实质上属于数据集合，这个数据集合的规模远远超出了传统数据库软件可以处理的范畴。大数据具有3V特征：规模性（Volume）、多样性（Variety）、高速性（Velocity）。大数据技术是基于大数据开发的数据处理技术，可以有效解决海量信息获取、存储、分析的难题，下面将具体阐述大数据与大数据技术的应用。

（一）概述

大数据是具备多种数据类型，数据总量超过100TB，且数据流具备高速实时性的数据集合。这个数据集合的规模远远超出了传统数据库软件可以处理的范畴，大数据具有3V特征：规模性（Volume）、多样性（Variety）、高速性（Velocity），学术界又在3V特征的基础上扩展出了4V特征：价值性、准确性、可变性、真实性。

1. 数据量大

互联网技术的发展，降低了网络使用成本，使用者在网络上的任何一个行为都可能产生庞大的数据信息。为了满足不同层次使用者的需求，网络上出现了很多多媒体信息，包括图片、视频、音频等，很多数据都发展成为以 GB 进行计算的大型数据。一方面用户在网络上的活动将产生大量数据，另一方面各种传感器数据越来越多，现实世界中的数据也被快速导入虚拟网络中。除此之外，网络中对于同一事物的描述性数据产生重复，造成大量的数据重叠现象。

2. 数据类型多样化

数据类型多样化也是大数据的重要特征，大数据背景下的信息资源形式越来越多，已经不再局限于单一的文本信息，尤其是智能手机与平板电脑的使用，更增加了人们的网络接触概率，很多信息可能是半结构化或者非结构化的数据。结构化的数据可以方便用户与计算机管理，但随着传感器技术的快速发展，网络中涌现出大量的非结构化数据，大大增加了数据存储与处理的难度。

3. 数据处理速度快

面对庞大的信息量，传统的数据处理模式已经难以满足用户的使用需求。很多数据具备较强的时效性，因此，针对不同的数据信息，数据处理模式也会存在较大的差别，这也是大数据与传统数据模式的主要区别。数据处理的速度必须跟上数据增长的速度，这样才能保证数据的时效性，否则会对网络造成巨大的负担。另外，网络中的很多应用信息必须实时处理，以火车订票为例，该种类型的数据流具有很强的时效性，如果用户响应时间超过 3 秒钟，就会造成用户体验下降。

4. 价值密度低

数据价值密度低也是大数据的重要属性，传统的结构化数据一般具备特定的用途，因此每条数据的信息十分完整，但数据的完整性给数据处理与存储造成巨大的负担。非结构化数据有效克服了结构化数据的缺陷，提高了数据价值密度。从大数据整体角度出发，为了保证数据信息的完整性，计算机会将数据的关联内容进行存储，导致很多价值不高的信息被纳入处理范围，直接降低了数据的整体价值，造成数据信息的价值密度降低。

(二)大数据技术核心问题

大数据技术与传统数据处理技术具有一定相似性,数据处理流程也包括数据挖掘与检索、数据存储、数据分析、数据显示等。大数据技术需要根据用户的需求获取相关的应用信息,之后对数据进行聚合处理,以便存储数据、分析数据、查询数据,最后通过数据显示将客户需要的信息展现出来,大数据的核心问题与数据处理流程具有一定关联性。

1. 数据挖掘

数据挖掘的主要目的是从海量网络数据中发掘潜在的高价值数据。数据挖掘技术是伴随计算机技术发展而来的,需要通过统计学、人工智能、识别模式等多种方式来实现。互联网上的数据十分驳杂,数据质量直接影响了数据分析的结果,数据挖掘技术可以有效控制错误数据的比例,同时可以尽量排除其他无关数据。

2. 数据分析

大数据技术的关键就是数据分析,互联网上的数据资源十分丰富,但很多信息不具备实际意义,数据分析可以根据用户要求提取有用信息。非结构化数据具有较高的使用价值,其数据价值密度比传统结构化数据的价值密度高,但现有的数据分析技术还不能快速处理非结构化数据,一方面是非结构化数据增长、更新速度快;另一方面是现有的分析技术具有局限性,难以对非结构化语言进行有效处理。

3. 数据显示

数据显示技术可以将分析处理后的有用数据传输给用户。传统结构化数据可以通过图表显示,用户可以直接理解数据的含义,但非结构化数据的类型十分复杂,且数据之间具有较强的关联性,用户难以通过图表理解。针对非结构化数据的显示问题,可以通过计算机图形学与图像处理技术实现数据可视化,利用三维模型表示复杂的数据,让数据更加直观,便于用户理解。

4. 实时处理

大数据技术的实时处理能力直接关系到数据的价值,数据价值会随着时间而不断降低。实时数据处理是一个十分复杂的过程,需要获取数据之间的关联性,并找出数据之间的规律。大数据环境下的信息具有较强的时效性,很多数据需要在一秒或者更短的时间内得到结果,传统的"先存储后处理"

模式已经难以满足大数据技术的需求，数据实时处理能力已经成为大数据技术发展中的难点。

（三）大数据技术应用

大数据技术的应用范围十分广泛，包括科学计算、网络社交、网络金融、互联网、政府宏观调控、移动数据等，下面将选取互联网应用、电信应用、金融应用以及政府应用等四个方面进行阐述：

1. 互联网

互联网信息技术是大数据与大数据技术发展的基础，同时也是大数据技术应用的主要领域之一。一方面互联网企业具有丰富的数据资源与强大的技术背景，可以支撑大数据技术的发展，另一方面大数据技术也是互联网的主要发展趋势，可以促进互联网技术的发展。除此之外，互联网可以为大数据技术提供应用测试平台，以淘宝、百度、Facebook为例，这些公司可以为用户提供大数据技术的应用平台，有效促进大数据技术的发展。

2. 电信

数据分析技术一直是电信运营商的核心竞争力，电信运营商不可能放弃大数据的发展趋势。目前很多电信运营商已经开始应用大数据技术，包括客户分析与营销、业务分级控制等，这些服务都是基于大数据技术开发出来的。除此之外，电信运营商具备广泛的客户基础，庞大的数据量需要大数据技术作为支撑，很多电信运营商为了弥补自身的技术缺陷，已经开始与互联网企业合作，包括Orange与Facebook的合作等。

3. 金融

相比于传统行业，大数据技术在网络金融行业已经得到广泛应用。很多网络金融企业已经利用大数据技术对客户交易行为进行分析，目前已经开发了基于大数据技术的金融分析设备，包括用户交易行为的录制设备等。大数据技术在网络金融行业中的应用正在逐步扩散，已经有网络金融公司开始利用大数据技术分析客户关注热点，从而推测金融发展趋势。

4. 政府

目前，我国政府正在增加大数据技术的研究投入，以便利用大数据技术掌控社会发展动态，调控国家经济，保证社会繁荣稳定。

进入21世纪以来，我国的计算机信息技术与互联网通信技术已经取得了较大的成果。网络的发展催生出大批的新兴网络文化，带来了大量的信息数据。人们在参与网络社会活动时产生的数据是人类文明的重要组成部分。计算机信息技术与互联网通信技术催生了新型的数据模式，这些数据的类型更加多元化，且数据量异常庞大，传统的数据处理技术具有较大的局限性，难以满足大数据处理需求。目前，我国大数据技术仍然处于理论阶段，很多关键技术问题亟待解决，包括数据挖掘、数据存储、数据处理、数据分析等。本文从大数据的概念以及大数据技术的核心问题出发，详细阐述了大数据技术的应用方案，并对大数据技术面临的挑战进行了分析。

（四）大数据主要处理技术

大数据处理的关键技术主要有：大数据采集、大数据预处理、大数据存储及管理、大数据分析及挖掘等。

1. 大数据采集技术

大数据采集分为感知部分和支撑部分，其中感知部分负责通过各种传感器实现对结构化、半结构化及非结构化数据的识别、传输及管理等工作；支撑部分则为大数据提供服务平台、数据库等网络硬件资源。

2. 大数据预处理技术

大数据处理主要负责对采集的数据进行初步处理工作，主要包括抽取及清洗技术。其中，抽取技术负责将各种结构和类型的数据尽可能地转换成为单一结构或者更加便于进一步分析的结构类型；清洗技术则负责去除数据中无价值的内容，以便提取出更为有效的数据。

3. 大数据存储及管理

大数据存储及管理工作主要包括大数据的存储、管理及安全技术等，其中存储部分要求能够提供可靠的分布式文件存储系统，能有效地优化存储，能满足大数据的去冗余与性价比高的大数据存储技术；管理部分要求能够高效地实现大数据的移动、备份及复制等技术，能提供大数据可视化技术；安全部分需要能够实现分布式访问控制、数据审计、隐私保护、数据真伪识别及数据完整性验证等技术。

4. 大数据分析技术

越来越多的应用涉及大数据，这些大数据的属性，包括数量、速度、多样性等都呈现了大数据不断增长的复杂性，所以，大数据的分析方法在大数据领域就显得尤为重要，可以说是决定最终信息是否有价值的重要因素。当前主要分析技术有：Hadoop、Hive、Sqoop 及 Zookeeper 等。

Hadoop：是 Apache 开源组织的一个分布式计算开源框架，提供了一个分布式文件系统子项目（HDFS）和支持 MapReduce 分布式计算的软件架构。

Hive：是基于 Hadoop 的一个数据仓库工具，可以将结构化的数据文件映射为一张数据库表，通过类 SQL 语句快速实现简单的 MapReduce 统计，不必开发专门的 MapReduce 应用，十分适合数据仓库的统计分析。

Sqoop：是一个用来将 Hadoop 和关系型数据库中的数据相互转移的工具，可以将一个关系型数据库（MySQL，Oracle，Postgres）等数据导入到 Hadoop 的 HDFS 中，也可以将 HDFS 的数据导入到关系型数据库中。

Zookeeper：是一个为分布式应用所设计的分布的、开源的协调服务，主要是用来解决分布式应用中经常遇到的一些数据管理问题，简化分布式应用协调及其管理的难度，提供高性能的分布式服务。

二、大数据在市场经济中的作用

（一）大数据在市场经济中的作用

1. 数据是市场经济主体联系的媒介

现代经济发展是在市场经济的调控下，企业掌握市场规律，按照市场发展做事，一定能促进企业和互联网技术的快速发展。互联网技术应用到企业的发展过程中，数据就成为市场经济主体联系的媒介，在以市场经济为主体的调控下发展经济，促进企业快速发展，必须依靠现代科技。科技水平是企业快速发展的主要方式，也为企业的发展提供了技术支持。大数据技术能为企业的发展提供可靠的数据分析，在市场经济调控下，能对市场进行科学的判断，及时掌握市场发展动态。

2. 大数据影响市场主体的经济利益

企业要发展必须遵循市场规律，根据市场需求，生产人们需要的产品，提高人们的购买力，增加企业利润。企业在大数据时代想要获知客户群体十分方便，大数据能够让企业获知客户的基因，为企业提供针对客户的个性化建议，与消费者建立紧密的联系。通过社交媒体数据、网络分析或其他数据可以让企业了解每一位客户。在大数据时代，企业利用大数据技术进行科学分析，能及时掌握市场动态，根据人们的需求，科学生产，增加企业利润，促进企业发展。

3. 大数据在市场监管中的作用

市场使经济发展起到调控作用，企业要发展必须根据市场规律，科学合理生产。通过大数据平台构建全方位、多层次的市场监管体系，需要把握大数据（全面、综合、关联）的特点，并且以覆盖社会各类经济主体信用信息监管平台作为基础。大数据技术的应用对市场起到监管作用，通过大数据分析软件，可以科学地进行市场需求分析。企业根据需求分析报告，可以遵循市场规律进行生产，这是企业发展的关键因素，也是企业可持续发展的基本保障。

4. 大数据在经济决策中的作用

根据市场经济的运行要求，政府部门对国民经济宏观管理已从直接调控转向运用多种经济手段的间接调控，经济运行的动态性日益增强。这就决定了市场经济宏观管理部门使用的数据信息是准确的、及时的和全面的，特别是在转变经济发展的方式中，经济发展的集约化，必须依靠数据信息来推动科学管理和科技进步，提高管理水平，从而提高经济效益。市场信息是否及时、准确地反映经济活动的具体运行状况，决定了经济集约化经营管理水平的高低。信息化程度越高，国家宏观管理水平就越高，宏观决策也就越科学，市场经济活动就会呈现出有序性和规范性。因此，信息化在客观上就成为国家宏观管理和科学决策的一个重要因素。

（二）传统宏观市场经济调查方法

1. 宏观经济指标

宏观经济指标是反映过去、现在和未来一段时间或者某一时间点的宏观经济情况的数据，常用的数据有国民生产总值、国内生产总值、通货膨胀、通货紧缩、国际收支、投资指标、失业率和经济增长率等。宏观经济指标对国家进行宏观经济调控政策的制定起着至关重要的分析和参考作用。

2. 传统经济指标调查弊端

在中华人民共和国成立以来很长的一段时间里，调查这些宏观经济指标，从而来观察和预测宏观经济的发展趋势，往往会采用抽样调查和全面普查的方法，而这两种方法都有各自的优缺点。

抽样调查就是在某个地区或者需要调查的某个区域采集一定的具有代

表性的样本，通过对样本的调查、统计和分析来获得自己想要的结果。这种方法往往可以较快获得想要的数据，并且耗费的资源量不大，如失业率等数据就是通过这种方法得到的。但是这种方法有着不可避免的缺陷，那就是必须要保证样本完全可以代表总体，不然的话必然会或多或少地丧失一定的准确性。

全面普查，也就是通过对全部样本的统计来获得数据的方法，虽然可以保证数据的准确性，但是耗时比较长，有时无法充分满足及时性的需要，而且耗费资源量大。

因此我们可以看出，传统的经济指标调查方法中的抽样调查法和全面普查法虽然有各自不可代替的优势，但同样也存在着先天无法克服的缺陷，在如今这个信息化高速发展的时代已无法完全满足人们对信息的及时性和准确性的需求，这也给国家根据相关宏观指标信息来制定调控政策带来了很大的困难。

（三）大数据在宏观市场经济分析的一些建议

根据以上的分析，针对大数据技术在我国宏观市场经济分析中的应用现状，我们可以看出，完善和发展大数据技术对于我国宏观市场经济的发展有着十分重要的作用。因此，为了使大数据技术在我国宏观经济领域得到更好的应用，我们应该多方面支持与鼓励其发展，挖掘更多的信息源，开发更加完善的数据分析系统，发展一条具有中国特色的大数据技术创新道路，向世界先进水平看齐，把我国的大数据技术做大做强，使其更好地为社会主义市场经济服务。与此同时，在建设大数据技术的过程中提出以下几点建议：

1. 加强政府对大数据技术的扶持力度

大数据技术是决定未来经济发展的一个重要驱动力，政府应重视其对于国民经济发展的重要性，在各方面尽早地加强扶持力度，尽快克服目前我国存在的高维度时间序列的分析方法落后的问题。为此，政府应该出台更多鼓励和引导大数据技术开发和完善的政策法规，重视相关人员上报的大数据技术的有关项目，开辟绿色通道优先办理，在快速论证可行性后加大对相关项目的扶持力度，以此提高行业相关人才的从业热情，引导社会尖端人才从事大数据开发与建设，从而加快大数据技术的发展。

2. 创建更好的平台

信息的安全问题和清洗难度，是目前阻碍国内大数据发展的一个不容忽视的问题，说到底就是技术问题与产业结构调整的问题。因此，需要更好的平台来提供完整与准确的经济市场信息，以保证信息的安全性和可靠性。与此同时，在技术难题上我们可以在引导相关人才从业的同时从国外引进世界先进技术，从而建成和完善我国自己的大数据分析技术。在这方面，政府相关部门、行业协会和行业龙头企业可以共同牵头，尽快促成国家出台更加完善的政策法规，联合起来开发大数据平台，实现共赢，积极营造一个良好的网络技术环境，从而保证平台的健康快速发展。

3. 构建更加科学实用的数据模型

大数据技术在我国的发展时间还很短，目前尚未形成较为完整的理论体系，在实际工作过程中，出现了许多现实工作中无法得到准确理论支撑的情况。基于目前大数据技术在我国的发展和应用现状，为更好地解决相关问题，我国政府及有关科研单位应与各个大数据技术经营商联合，尽快构建一批更加科学、更加先进并适用于我国国情的数据分析模型，为大数据在宏观市场分析中的使用提供更好的理论条件。

思路决定出路，眼光决定成败。如何面对迎面而来的大数据时代，是我们应该冷静思考的一个问题。在目前的宏观经济市场环境下，大数据技术逐渐促使经济主体意识到数据信息的重要性，在未来，要想让市场经济得到健康快速的发展，必然离不开大数据技术的支撑。与此同时，客观地认识和运用大数据技术，不夸大其作用，也不减小其优势，是准确认识和发挥大数据技术的前提所在。

大数据技术的完善和发展不是一朝一夕的事情，应该从中国的实际出发，一步一个脚印稳健地发展，因此，不仅需要政府的努力，也需要企业和相关人才的共同努力。大数据技术必将在我国的宏观经济分析领域取得更多的成果，为推进我国社会主义市场经济的发展发挥举足轻重的作用。

三、大数据为市场经济发展带来的机遇

（一）大数据为市场经济带来的机遇

1. 大数据为科学决策和管理提供依据和服务

现在企业都利用大数据技术科学合理地分析市场规律，为企业的管理

与决策提供可靠的依据。基于大数据的分析、预估与优化，将应对社会和企业挑战的解决方案的运用从被动变为主动。企业与客户之间联系的纽带是数据，企业根据用户需求的数据，对产品进行改进，以满足用户需要；客户对企业生产的产品参数进行比较，选择合适的产品。大数据技术能为企业生产与服务提供准确的判断，促使企业及时掌握市场规律，满足用户需求，增加企业利润，促进企业发展。

2. 大数据提升经济质量、优化经济结构

在新型经济的影响下，科技水平不断创新，大数据技术的应用可以提升经济质量，优化经济结构，促进企业的转型与升级。互联网和电子商务领域是新兴行业，也是大数据应用的主要领域。互联网和电子商务企业建立了基于大数据相关性分析的推荐系统。推荐系统分析的维度是多样的，可以根据客户喜好为其推荐相关产品，也可根据社交网络进行推荐。

总之，大数据技术在市场经济发展中的应用对企业的发展起到促进作用。企业在市场经济的调控下，利用大数据技术可以对市场发展进行监控，有效调节企业的生产，及时根据客户的需求，对产品进行改进，以满足用户的需求。大数据技术的运行，可以及时掌控市场发展规律，对企业的改进起到重要作用。

3. 大数据为科学决策和管理提供依据和服务

大数据已成为全球商业界一项很高的战略任务，因为它能够对全球整合经济时代的商务产生深远的影响。大数据在各行各业都有应用，如金融、零售、医疗、制造等。无论是宏观经济管理还是微观经济管理都必须克服盲目性，增强预见性，把握规律性。就宏观调控而言，如果没有巨大数据库支撑的动态经济指标预测系统，就难免出现盲目性，甚至易被利益集团控制。就经营管理而言，如果不及时掌握大量真实的动态的市场信息，就会盲目投资、盲目生产，不能掌握市场行情，难以抓住转瞬即逝的机遇。由此可见，只有从大数据中获得资讯，进行深入的分析研究，才能保证管理事半功倍。

大数据在客户和企业之间流动，挖掘这些数据能够让客户参与到产品的需求分析和产品设计中，为产品创新作出贡献。例如：福特福克斯电动车在驾驶和停车时产生大量数据。在行驶时，司机持续地更新车辆的加速度、刹车、电池充电和位置信息。这对于司机很有用，但数据也传回到工程师那里，以了解客户的驾驶习惯，包括如何、何时及何处充电，即使车辆处于静止状态，也会持续将车辆的胎压和电池系统的数据传送给最近的智能电话。这些以客户为中心的大数据实现了新型的协作方式。工程师汇总关于驾驶行为的信息，以了解客户，制订产品改进计划，并实施产品创新。电力公司和其他第三方供应商也可以分析驾驶数据，以决定在何处建立新的充电站，以及如何防止脆弱的电网超负荷运转。

4. 大数据提升经济质量，优化经济结构

世界经济正在重组，中国经济和企业要实现有质量的持续增长，需要更多地依靠包括云计算、业务分析洞察、移动互联、社交在内的科技创新驱动。未来的创新要通过跨行业的开放融合以及系统整合的方式实现，从而走向各行各业的实际应用。随着新一代信息科技产业的发展，信息资源成为现代经济增长的重要力量：其一，信息资源的开发利用，就是加强技术研究开发的创新，提高设计水平和工艺水平，加快共性技术、关键技术和配套技术的开发，增强工业产品的品种，改进质量，提高工业产品开发和深加工的能力，促进信息产品和传统产品的融合，增加产品的附加值。其二，信息资源的开发利用，实际上就是利用信息技术改造和提高传统产业，加速工业化进程，带动产业结构化升级。改造传统产业的主要目的在于将信息技术为核心的现代高新技术推广到各个企业，提高传统部门的技术化、知识化与信息化水平，以降低企业的运行成本，适应不断变化的市场需求结构，提高企业的市场竞争力。信息技术的高度渗透性、创造性、增值性和竞争性为传统产业的改造和提升创造了广阔的空间。信息技术的应用，在以往的生产体系中强化了智能系统的作用，使传统产业改造的手段主要以信息技术为主。改造工业装备，优化产业结构，促进工业产品的升级换代，进而带动整个工业的自动化、智能化水平。将现代信息技术、现代制造技术、现代管理技术和现代营销手段相结合，应用于企业的开发、生产、销售和服务的全过程。通过信息集成、过程优化及资源的高效配置，实现物流、信息流和价值的集成和优化，将极大地加快企业市场化和信息化进程，促进产业升级。

（二）适应大数据时代要求的经济发展对策

大数据作为新一代信息技术产业，其标准和产业格局尚未形成，这是我国实现跨越发展的宝贵机会。首先，政府应该制订大数据产业规划，把大数据产业放到工业化、信息化、城镇化、农业现代化"四化"之中考虑和谋划，并出台相应的扶持政策和具体措施。其次，加大科研投入，加快基础软件开发，增强独立自主开发基础软件的能力，力争在解决数据存储、分析、检索等问题的软件产品开发上取得自主地位。再次，创新企业模式，力促产业升级。积极推动大数据应用与电子商务、电子银行、远程诊疗、服务网络、社交网络及云计算的融合，并加大商业模式的创新力度，使大数据转变为互联网时代新一轮的生产力，助推我国的产业转型与升级。最后，大力培养创新型人才，以适应和推动大数据的开发利用。总之，大数据一方面为经济升级提供策略支持，另一方面又为经济升级提供战略途径。看到这一点，抓住这一点，经济就会如虎添翼，强势驱动。

市场经济的发展以大数据系统的指引为基础，能最大限度地规避风险，增强发展的安全性与长远性。在市场经济发展中，市场主体的数量不断增多，相互之间的界限出现融合，且社会发展水平也存在差异，管理与评价标准也不断发生变化。通过对市场经济发展的调查与研究，大数据系统才能实现对市场经济的完善，科学规划成本与效益机制，规范管理制度，提升系统性价比，完善评价机制。通过这种互动机制，形成发达的经济主体系统，提升企业的综合竞争力，为企业创造保障系数高、经济收益高的发展条件。因此，市场经济的发展，需要大数据系统的指引、管理与评价。

第三章 经济结构调整中政策工具的选择和运用

第一节 产业结构调整中政策工具的使用

在市场经济条件下，产业结构转型升级应该是市场竞争选择的结果，企业是产业结构调整的主体。要实现产业结构的优化和转型升级，最重要的是要完善市场体系，充分发挥市场配置资源的基础作用和企业的主体作用。但是，即使这样也不能忽视国家和产业政策对经济发展的作用，尤其是在涉及生产要素流动、产权关系等制度性变迁、经济管理体制改革等方面。在经济日益全球化的背景下，政府一方面要保护消费者的利益，另一方面还要考虑在全球竞争中让本国厂商保持并扩大在高收益部门中的份额，因此国家在全球化产业竞争中的角色不减反增。它创造并延续了企业的竞争条件（如提升生产要素的质量，创新的生产要素）。尤其是考虑到在发展中国家主要参与的贸易领域是完全竞争的，而在发达国家的一些高技术产品和服务贸易垄断性比较强，在这种不对等的市场结构条件下，作为大国的发展中国家，在确定产业发展战略时简单地恪守比较优势和政府无作为的方针是不合时宜的。发挥比较优势可以通过完善市场机制并由企业来实现，政府主要是提供具有竞争力的供给环境和条件；而尽快提升比较优势和提升国际分工地位，则需要依靠政府在推动技术创新、体制机制创新、品牌培育和观念更新等方面，提供更多的外部支持。

一、政策重心的调整

（一）由以价格竞争为主转向以质量、品牌和服务等非价格竞争为主的转变

过去经济增长是建立在要素禀赋基础上的，各级政府招商引资也主要

依靠土地、廉价劳动力、厂房、资源和低环境成本等要素。这无疑增加了物质财富，但也极大地消耗了资源、能源，对环境也造成了很大的影响。而且，传统的比较优势战略忽视了质量、品牌和服务，忽视了充分挖掘物资消费背后的价值。尤其是中国已经进入高成本阶段，对中国企业以成本价格竞争为主的战略提出了很大的挑战。

从全球来看，随着信息技术的发展和装备的现代化，出现了柔性生产、及时生产、敏捷生产体制，使得按个性化定制成为可能，产品的竞争也更多地由过去的价格和品质竞争向价格、品质、个性化、响应速度和服务的竞争转化。中国目前绝大多数还主要依靠价格竞争。虽然对单个企业而言采取什么样的竞争战略是微观问题，但如果绝大多数企业都依靠价格竞争，那就演变为需要借助国家战略和相关体制与政策进行调整的宏观问题。这是因为竞争战略与发展方式和技术进步具有很强的路径依赖。如果竞争战略定位于追求低成本、低价格，那么企业的技术进步和技术创新将沿着规模化、标准化的路径并依靠大规模的自动化设备更新来实现；在政策上，也将产生不断降低资源要素价格的诉求。如果竞争战略立足于差异性、个性化的需求，则需要靠研发、设计、市场调研、响应速度等能力建设和无形资本投资来实现。也就是说，无论是普遍采取价格竞争战略还是普遍采取非价格竞争战略，在很大程度上都决定了中国生产性服务业的发展和产业结构的转型升级，也决定了发展方式的转变和走新型工业化道路能否实现。因此，应该从战略的高度，完善竞争环境，促进中国企业以价格竞争为主向以非价格竞争为主转变，从而改变传统发展方式、分工方式和技术进步对大量使用低廉要素投入的路径依赖。

（二）由倾斜式结构政策为主向支持关键环节的功能性政策为主转变

一般来说，在市场比较完善的情况下，产业结构短期资源配置效率问题主要由市场来解决，而长期目标如改善国际分工地位、战略性进入等问题则需要从国家层面进行设计和支持。在转轨时期，一方面，要加速完善市场机制和促进市场发育；另一方面，政府要对市场信号扭曲和失效的部分进行清理。同时，政策还要适应中国工业化阶段性变化和产业结构矛盾由部门之间的比例不协调向关键环节滞后的变化，适应WTO规则的要求。重心应由过去的部门倾斜式结构性政策为主向支持关键环节的功能性结构政策为主、兼顾倾斜式结构性政策转变,通过财政、税收、金融创新和制度创新等多种途径,重点支持研发、设计、营销网络、品牌培育、供应链管理、专门化分工制约产业结构优化升级的关键环节,并着力改善信息化外部环境。

(三)加强品牌建设,建立培育自主品牌支持体系

品牌是提升产品价值、培育客户忠诚度的重要载体。要实现从提供制造产品向提供产品和服务的转变,就必须从战略的高度重视培育自主品牌。

一是发挥企业主体作用,加强自主品牌建设。鼓励企业依靠科技进步和加强质量管理,争创名牌,走名牌兴业的道路。帮助企业建立健全质量保证体系、标准化体系和计量检测体系。支持企业积极采用国际标准和国外先进标准。

二是完善法规,加强政策引导和扶持,开展"国家品牌工程"。这就要求完善中国名牌产品评价机制,鼓励各地政府加强组织领导制定名牌发展和培育规划,充分发挥行业协会和社会中介在实施名牌战略中的作用,提高专业化服务水平。

三是努力营造有利于自主品牌成长发展的环境。加大打击假冒伪劣产品和保护自主知识产权的力度,营造公平竞争的市场环境。通过政府采购、贴息和信贷支持等方式,支持自主品牌企业的成长壮大。在合资合作以及对国内企业和品牌的并购过程中,防止外资企业的恶意收购。

四是建立和强化海外融资支持体系,支持企业联合在海外主销市场建立物流中心、分销中心等营销网络。

二、要素政策的调整

要实现产业政策升级和经济发展方式的转变,提升要素禀赋是基本前提。随着中国工业化水平的提高和经济社会的发展,与过去相比,劳动者拥有更多的知识和技能,产业资本拥有较强的生产能力和产业配套能力。但是,这些能力还只是呈现增加的趋势,如何形成经济社会的主导要素,还需要政府着力推动。其调整主要是适应竞争重心变化和成本上升的要求,着力培育人力资本和技术能力,形成新的竞争优势和比较优势。

随着中国工业化水平的提高,未来竞争重点必将以成本价格和生产率为中心向质量、服务、品牌和响应速度为中心的转变,由以低价格竞争为主向追求更高价值转变。政策重心也应该与此相适应,厘清各地方招商引资政

策，改变竞相降低要素价格的政策优惠，着力培养技术能力、人力资本、营销能力和品牌化能力、网络化能力等后天优势。

一是把促进和提高自主创新能力落到实处。这是培育和提升动态比较优势的重要依托。重点发挥企业和科研院所等创新主体的积极性，推进产学研合作体系建设。把研发投入进行税前抵扣，重点支持企业创新。打破行业、地区、所有制及军用民用的界限，发挥全社会的技术优势，实现科技与经济、科研与生产的紧密结合。同时，积极引导自主开发企业，充分利用国际人才和技术资源。鼓励企业在全球范围内寻求提高资源效率的机会，通过与国际技术机构开展技术合作以及到发达国家设立研发机构和实验室等方式，引进、消化、吸收更高档次的技术和开发更前沿的技术，开展面向国际市场的适应性开发和海外市场认证，构建全球研发体系。

二是注重产业升级和技术进步的方向性，着力支持功能升级。要注意技术进步的方向性。强化比较优势的技术进步有可能导致贸易条件恶化，因而不应是政策支持的方向。政策支持应着眼于功能升级对改善中国市场势力和贸易条件的积极作用，把新产品研发、价值链提升等方面的技术创新作为科技投入支持的重点。

三是高度重视共用技术研究和公共平台的建设，完善产业技术供给体系，增强产业共性技术、关键技术开发及工程化能力。加大国家科技计划和国家科学基金对共性技术和关键技术研究开发活动的支持力度，针对重点产业领域整合国内大学和科研院所的科技资源，成立专门机构和组建专门队伍，重建产业共性技术创新平台，积极开展共用技术研究，提高产业关键技术和共性技术水平，为企业自主研发产品提供基础服务。针对中国现阶段共性技术研发机制缺失的状况，应通过政府采购和政策支持、组织和支持建立产业技术联盟等多种方式，支持行业共性技术、关键技术的研发和推广。我们要通过自主创新和技术水平的提升积极参与。

四是强化对人力资本培育的针对性。人力资本是培育新动态优势的重中之重。应创新教育及培训机制，鼓励大学、科研机构与企业联合建立高级技术人才培养基地，促进科研机构与高等院校在创新人才培养方面合作以实现教育资源共享。着眼于关键环节，增强对研发、设计、营销、供应链管理、金融服务、咨询等专业人才的培育，引进国外成熟的培训体系和教育资源。

积极支持企业从国外引进高层次的技术和管理人才，特别是各专业紧缺人才。加大对农村剩余劳动力和下岗职工、转岗职工的职业培训，尤其是强化对失地农民的培训支持。同时，要大力宣传，改善合法经营的企业家、领军型企业家生存的环境。

五是把技术外取作为重要的技术来源渠道之一。技术外取是发展中国家利用全球资源来快速提高技术能力的重要途径。应支持企业在发达国家设立信息收集和研发机构，跟踪外国同行的技术发展动态，即时掌握技术发展、相关研发型企业和专门人才的最新信息，以此作为撬动国外技术和实现跨越式发展的重要途径。

三、创新体制机制，完善外部环境

实施突破关键环节战略和促进产业转型升级的关键是要建立相适宜的体制机制，建立健全满足关键环节和生产性服务业发展要求的投融资体系、评估体系和监管体系以及与主要依靠非价格竞争相适宜的制度环境。为推动技术创新、制度创新、品牌培育等领域提供更多的外部支持，在技术能力、响应速度和市场实力等方面实现产业链的高效整合。

在过去，中国建立了以要素投入驱动和成本价格竞争的体制机制，有力地促进了中国的经济增长。然而，这一体制机制对未来追求的品牌、质量和服务竞争形成明显制约。创新体制机制，应从改变考核机制，强化对知识产权、人力资本的保护等方面着手。

（一）加快政府职能转变，完善市场体系

现阶段与传统工业化道路相配套的体制还在发挥主要作用，而与提高技术、知识等无形资产贡献相适应的制度环境尚未健全，这已经成为我国产业结构优化升级、促进经济发展方式转变的制约因素。为此，需要加快推进体制机制创新，为转变发展方式提供制度保障。

其一，通过财税体制的调整、改变考核机制和健全绩效评价指标体系以及改善企业外部环境等多种措施，鼓励和促进企业之间的竞争由成本价格竞争向质量、差异化、品牌和响应速度等非价格竞争转变。只有通过财税体制改革，才能扭转地方政府"土地财政"的状况。也只有通过财税体制改革和改变政绩考核中片面追求经济增长速度的状况，才能从源头上改变政府过度干预资源配置的行为。

其二，界定和规范政府投资的领域和范围，进一步强化市场配置资源的基础作用，增强政府的公共服务功能。大幅度削减行政审批项目，简化和合并审批手续，将政府职能从市场准入规则的制定者和审批者转换为市场主体服务和创造良好发展环境上来。发挥政府投资对社会投资的引导和带动作用，避免政府投资与民争利和对市场竞争的干预。加强事前科学评审和事后问责制度，杜绝或减少体现政绩的面子工程投资和一味追求规模的过度投资以及不考虑自身资源的同质化投资等政府投资行为。

其三，强化对人力资本和知识产权的保护力度，从战略的高度强化知识产权保护，建立有利于人力资本、知识产权等软性要素积累和形成的体制机制及政策环境。这是提升比较优势的基本要求。企业应强化申请专利、保护创新成果的意识。国家应强化知识产权保护，加强对侵犯知识产权的打击力度，加大对海外知识产权注册的支持力度。建立和完善知识产权交易市场，促进技术成果的流通。健全科技成果等无形资产的评估体系和融资方式。

其四，建立健全服务评价和标准体系以及征信体系，强化全社会的信用意识。建立与生产性服务业相适宜的制度和规范，应大力推进标准体系建设，尤其是制定各类服务评价标准。建立评估机构，强化对品牌和知识产权的保护，加快建立和健全诚信体系和质量监督体系。加大对失信企业的惩罚力度，提高失信成本。做好细致的服务工作，对信誉良好的名牌产品实行出口免检和便捷通关。

其五，服务需求不同于一般商品的需求，通常还包含着一定的社会观念和意识形态方面的内涵。传统观念的落后和陈旧意识形态的影响对我国服务业的发展也形成一定的制约作用。因此，在当代社会对服务需求应在法律的框架下，通过分类管理和强化监督，包容服务需求的多元化、多层次化，树立包容发展、包容消费理念，改善服务消费环境。

（二）建立与有利于突破关键环节相适宜的产业发展机制

一是针对服务业是个性化、特色化、智能化和知识密集化的行业，比制造业更需要制度和规范，应强化对品牌和知识产权的保护，加快建立和健全诚信体系、质量监督体系以及生产性服务评价标准和评估机构。

二是加快金融、铁路、电力、电信、民航、港口等垄断行业的改革，放宽市场准入和投资限制。尤其是要加强金融创新并完善金融监管，建立与创新型企业和生产性服务业相适应的投融资机制。围绕服务高技术企业和中小企业，提供与之相适宜的金融产品。

三是打破部门封锁，强化部门之间的协调，扫清部门融合或跨部门协作的制度障碍。

四是加强公共服务体系建设。支持建立检测、检验、信息发布与处理等公共服务平台，提高为高新技术企业和中小企业服务的能力。

五是将研发、设计、创意等技术服务企业认定为高新技术企业，享受相应的高新技术企业优惠政策。改变部分地区服务业在用地、用水、用气、用电等要素供给方面的不平等待遇。

（三）建立过剩产能正常退出机制

产能过剩可作为产业结构调整的重要议题。但是，实际上产能过剩问题很复杂，要看是什么时候产能过剩和什么样的产能过剩，还要看针对怎样的市场过剩以及是什么原因导致的产能过剩。为什么有人认为就算存在产能过剩的条件也还有那么多企业会进入？其一，有可能没有产能过剩，人们所说的产能过剩只不过是与想象中的需求相比。其二，产能的形成是企业根据市场信号作出反应的结果，关键是"市场信号"是否准确。由于进入门槛低，尤其是人为地降低了相关成本，使得企业在可以开工率低于正常水平的情况下生存。其三，适当的产能过剩是促进产业结构调整的重要动力，具有先进生产水平的产能需要针对未来需求不断增加，产能会有可能高于目前的需求规模；过时的产能是多余的和需要真正淘汰的产能。其四，产能过剩是针对国内市场的产能过剩还是针对国际市场的产能过剩？对比优势下降的行业，过剩的产能是需要淘汰或者转移的；而对于比较优势上升的行业则是如何提高国际竞争力和走向国际市场来释放其过多的产能问题。其五，还需要用动态的眼光来考察，对增长性行业，过剩也是正常的；而衰退性行业产能过剩则是要处理的。但是，总的来看，企业比政府更能判断是否产能过剩或哪些产能过剩，并对因此产生的误判而负责。曾几何时，我们曾出现过新建电厂一个都不批，随后电力供应紧张；也出现过现实经济表现超过政策预期。也正因为如此，国家一方面执行比较严格的产业政策，严格控制新开工项目，实际上就是控制了国家能够严格调控的大型项目，使得钢铁等重化工行业出现大型企业发展较慢而小规模企业发展更快的尴尬局面。因此，针对产能过剩，政府应选好着力点，关键是严格制定和执行有关环境和技术等方面的准入标准，建立健全优胜劣汰机制。对于那些政府和企业达成共识的产能过剩行业，从再就业培训支持和再就业补助、设备淘汰补助、税收等方面，建立过剩产能正常退出机制。

四、产业结构政策

（一）增加产业政策的多样性，进行分类指导

产业政策是一个综合性的政策，而不是单纯的贸易政策。培育产业动态比较优势，并不是政策支持重点简单地从一个行业转移到另外一个行业，而应根据不同行业的发展阶段和比较优势的变化，制定不同的政策。在全球化条件下，国别之间呈现出由产业之间和行业之间的分工向行业内、产品内分工演变的趋势。培育产业动态比较优势，并不仅仅是单纯地培育动态比较优势行业，还应从产业链和价值链的角度，体现动态比较优势要素的环节。

一是既有比较优势部门。如纺织、服装等劳动密集型行业价格竞争十分激烈，因而部分企业的创新能力也在逐步提高，应重点支持这类行业提高研发设计水平，培育品牌，促进由成本价格竞争为主向以产品多样化和设计、服务、品牌等差别化竞争和功能提升为主的转变，缓解贸易条件的进一步恶化。同时，应把建立海外营销网络作为提升该类行业国际竞争地位的重要方面，在融资、通关等方面进行政策支持。

二是具有动态比较优势的产业。它们正在或者即将成为中国出口的重点行业，应在促进提高生产率、降低出口的交易成本、支持开拓海外市场等方面提供政策支持。其中，通信设备、电子、电器机械等行业已经成为出口的主导产业，政策重心是支持其研发设计关键设备、关键部件的国内生产，提高其国际分工层级。普通机械、专业机械和钢铁、化纤等行业有进一步提高国际竞争的潜力。前者主要是强化研发、设计和关键部件等环节，后者应在提高环境标准、强化节能减排的前提下，提高其产品档次和"走出去"。

三是一直处于劣势但地位重要的行业。如医药制造、高端装备以及关键部件、关键设备、关键材料等，应以适度的市场保护和投入支持为重点，着力提高开放设计水平，强化供应链管理，着力提升分工层级，支持战略性进入，提高国际竞争能力，打破海外垄断，形成有利于中国国民福利的市场结构，改善贸易条件。对石油加工业和造纸及纸制品业、有色金属冶炼及压

延加工业,应通过强化技术创新,开发新产品、提高产品档次和质量,强化节能减排,提高其国际竞争能力。

四是通过制度创新推动服务业的发展。对生活性服务业应在法律的框架下,通过分类管理和强化监督,包容服务需求的多元化和多层次化,树立包容发展和包容消费理念,改善服务消费环境。应从知识产权保护、诚信体系建设和标准化推广等方面消除生产性服务业发展的障碍。

五是通过强化工业和服务业对农业的支撑能力,稳定农业基础。提高农产品加工能力和农药、种子、化肥等农业生产资料的国际竞争能力,缓解农业生产成本快速上升的压力。强化农业技术推广和技术服务,健全农业产前、产中和产后社会服务体系,完善流通组织与社会化服务,提高农产品存储、质量检测和监督水平,发展农业保险等措施,缓解农业小生产与大市场的矛盾,使得农业增产与增效同步,提高各方面发展农业的积极性。

（二）对战略性新兴产业制定系统的支持政策

发展战略性产业是国家长远利益的要求,既可以避免让人独占战略制高点,也可以在国际经济事务中拥有足够的发言权和处于有利的谈判地位。同时,不少战略性产业并不是完全竞争的,而是被少数国家所垄断。当然,并不是所有战略性产业都需要政府支持,对国内发展相对较快并处于主导或支柱地位的战略产业,主要是防止外资对行业排头兵企业的并购;而对于具有先导地位的战略性产业,则需要制定系统的支持政策,以抢占产业发展的制高点。同时,需要着力解决在国家提出加快发展新兴战略性产业以后所出现的缺乏统筹规划、关键技术研究薄弱和市场培育滞后等问题。

一是发挥中国动员人力、物力和财力能力比较强的优势,通过财政、税收和金融支持等手段,组织相关企业和机构进行协作攻关,抢占行业制高点。

二是加快制订新兴战略性产业的规划,统筹谋划,并从生产、流通、消费各个环节加以引导,从科技研发、示范推广、产业化全过程加以推动,促进相关技术的应用和扩散。

三是着眼于产业的发展,加快建立技术标准、产品标准、准入标准,积极培育市场,从政府采购、应用环境、竞争环境、资金、技术等方面进行支持。

（三）注重产业政策、贸易政策和区域政策之间的协调

一是外贸政策重心要切实从以推进出口增长为主向以转变外贸发展方式为主转变。中国作为世界第二大经济体，很多产品在国际市场尤其是在一些国家的市场上占有很高比重，继续通过价格竞争的方式提高市场份额，很容易导致贸易摩擦，也与中国转变发展方式不相符。在出口结构调整企业转型过程中，面临出口速度减缓的局面部分企业效益下降成为必然，应尽量减少为了缓解上述矛盾而出台与转变发展方式相反的出口退税、延缓要素价格正常化等政策。

为促进战略性新兴产业的发展和培育新的优势产业，各级政府以补贴或其他手段进行支持，但也给未来企业面对国际竞争带来了隐患。再加上企业以价格竞争为主的战略，使得中国不但成为世界遭受反倾销最多的国家，而且也正在成为反补贴重灾区。培育中国动态比较优势，应研究与WTO规则相适应的政策支持方式，重点支持专业教育培训、研发、平台建设、共性技术研发支持、网络建设、专利申请补助等功能性政策。对产业化的支持由直接支持向间接支持转变，比如加大研究与开发的支持力度以及对专利和其他软技术购买的补贴，支持产学研合作，组建开发联合体或技术联盟，大力发展风险投资和孵化器等。对那些具有可诉性和不可诉性双重特点的补贴，如对环保设备、技术进步政策，应该强化其中的不可诉内容；对非绿灯补贴范围的补贴形式，将"明文政策"补贴改为一事一议的事实上的补贴。与此同时，随着中国生产水平和国际竞争能力的提高，人民币汇率形成机制改革成为必然。但在继续推进人民币升值之前，应先理顺国内的各种要素价格，让各种要素价格体现其应有的价值。否则在人民币升值到位以后，再提高要素价格，将严重威胁中国产业竞争力。要完善招商引资政策，完善要素市场价格形成机制，加快理顺要素市场价格，让土地、能源、环境等反映正常成本，尤其应使工人工资和福利保持在具有扩大再生产能力的水平。

二是针对发达国家、发展中国家不同的比较优势，实施差异化竞争战略。向发展中国家的出口应顺应贸易条件改善的方向，扩大出口规模，为中国正在形成的劳动密集型产业的自主品牌产品提供市场。同时，扩大那些中间要素密集型行业进入这些国家，开拓市场。探索通过国家层面的合作，建立海外经贸合作区，促使中国比较优势衰退的产业进行转移。对发达国家出口应

着力改变产品结构,增加出口种类,培育自主品牌,改变单纯依靠价格竞争的状况。

三是顺应产品生命周期规律和利用区域发展差异,促进产业转移,延长产业生命周期。中国区域差异很大,随着发达地区的比较优势变化和产业结构升级,其原有的产业结构和贸易结构类型虽然在本地区失去了竞争力,但却为欠发达地区提供了产业转移的基础。一方面,应该出台政策防止简单的落后生产能力的转移,另一方面,应该鼓励发达地区外移企业采用先进或适宜的技术,与欠发达地区的实际情况有机结合,提高欠发达地区经济发展的综合竞争力和发展的可持续性,延长产品生命周期。物流成本高、产业基础薄弱、配套能力差是制约中、西部地区承接转移的重要障碍,因而政府应加大对公路建设的投入,降低公路收费标准,减少收费站点,调整不合理的收付期限。同时,要培养中、西部地区产业配套能力,强化承接产业转移的基础。

五、产业组织政策

(一)适应国内外竞争的要求,形成有效竞争的市场结构

从提高国民福利的角度出发,既要解决制造行业过度竞争和集中度不够的问题,也要解决一些服务行业的垄断性问题,实施内外有别的方针,促进有效竞争。对外,要尽量打破跨国公司的垄断,实施战略性进入及提高产业集中度,努力形成与跨国公司相抗衡的能力;对内,要促进经济规模的形成和开展适度竞争。

一是要推进服务行业的改革攻坚,加快银行、保险、铁路、民航、邮政、电信等领域改革开放的步伐,凡是允许外资进入的行业和领域,都允许民营资本进入,并放宽股权比例限制。

二是通过集中化、集团化提高中国市场势力。对于钢铁、石化、汽车、船舶等规模经济效益显著的行业,推进跨地区兼并重组,促进规模化,提高产业集中度,培育中国自己的跨国公司和"航空母舰"。对于新能源、电子信息、生物医药等新兴产业,重点激励大中小企业在研发、生产、市场和人才培养上建立战略联盟,形成合力。培育和壮大一批具有总体设计、成套能力和系统服务功能的大型企业集团。

三是营造集群创新环境,打造面向中小企业的技术创新和服务的平台,

引导、培育围绕集群主导产品的专业化市场，促成一大批专业分工明确、特色突出、技术能力和配套能力强的中小企业的发展壮大。

四是强化行业协会的协调能力和企业自律，规范市场行为，阻止恶性竞争。促进各种中介组织的发展，在协调市场行为、组织反倾销、反补贴以及应诉等行动中，充分发挥中介组织的特殊作用。

五是严格对外资并购的审核，要防止跨国公司对中国制造业排头兵企业和服务业关键领域的控制。行业排头兵企业是决定一个国家市场势力并保持与跨国公司进行竞争和形成比较有利的市场结构的重要力量。因此，在提高利用外资质量的同时，应从产业安全的角度，防止跨国公司对中国排头兵企业和服务业关键领域的控制。

（二）促进分工深化细化，支持产业集群发展

一是尽快改变信用制度缺失以及技术、品牌和分工深化得不到足够保护的状况，引导和鼓励大批中小型企业致力于为大企业提供产品配套服务，在专业化分工基础上培育出一批世界级零部件"小巨人"和专业化服务企业。

二是改善集群发展条件，促进产业集群升级。营造区域创新环境，增强集群的持续创新能力。支持打造面向中小企业的技术创新、检验检测和信息化等公共服务平台，积极发展围绕集群主导产品的专业化市场和会展服务，打造国家级甚至是国际知名产业的集聚基地。

（三）大力促进国际化经营，支持建立以我为主的全球经营网络

一是拓宽国际化经营模式，建立稳定的资源供给体系。单纯就矿业开发而进行矿业开发，很容易引起东道国和国际社会的误解，把重化工原材料生产能力留在国内也容易加重产能过剩的矛盾。通过建立海外联合采矿、联合建厂加工的一体化项目合作机制，既可以满足我们自身的需求，也能促进东道国经济的发展和就业，有助于中国树立和谐的国际关系形象，促进从单纯的进口矿石原料向进口原料产品转变。这不仅涉及矿业、发电、基础设施到原材料加工等庞大的工程，还涉及东道国相关部门之间的协调，这是单个企业难以解决的，需要从国家层面通过国家之间的合作进行一揽子的设计和运作。比如设立海外合作基金，建立专门项目的国际合作机构，把上述项目上升到国家项目，开展能源资源外交等。

二是抓住国际金融危机对价格敏感性增加、对品牌敏感性减弱的机遇，

积极建立国际营销网络，培育自主品牌，开辟多元化的海外市场。为此，需要国家加快制定政策，支持品牌经营，在主销市场建立物流中心和分销中心等营销网络。这可以通过国家层面的合作建立海外经贸合作区，推进中国比较优势下降的产业进行转移。

三是积极利用发达国家的创新资源。到发达国家创新聚焦地设立研发设计机构，提高技术实力，拓宽技术来源。

六、树立新的消费理念、新的生活方式和新的生产方式

一方面，国际上对能源、资源的争夺将异常激烈，另一方面随着人们生活水平的提高，对能源、资源需求增多，而对环境的要求也越来越高。面对上述双重压力，缓解能源、资源矛盾，改善生态环境，不仅仅是生产方面的问题，也是消费理念和生活方式的问题。

一是树立新的资源观，对可再生资源和不可再生资源的开发利用制定不同的策略。对于可持续性资源的开发利用，搞好基地建设和布局，积极扩大规模；对于不可持续资源的开发利用，强调资源的保护性开发和综合利用。

二是积极推进传统产业的新型化。在生产过程中，大力推动清洁生产和绿色制造技术。提高环境准入、市场准入等相关标准，在有色、钢铁、化工、建材、煤炭、电力、纸浆造纸和食品等重点行业，淘汰污染严重、高耗能的落后工艺和装备，采用和推广无害、低害、废弃物回收处理的新工艺、新技术，提高资源利用和再利用效率，加强对工业污染的在线监控，加快建立生态环境保护建设的长效机制。按照"减量化、再使用、再循环"的原则，以产业链为纽带，从企业、园区、基地三个层次，发展循环经济，提高资源利用效率，减轻区域环境压力。

三是大力提倡新的消费理念和消费方式。我们既要让大家分享工业化的好处，也要积极宣传和倡导建立与可持续发展相适应的新的消费观念和消费方式，动员全社会参与发展循环经济和低碳经济。

第二节 部门结构调整中政策工具的使用

调整和优化部门结构，需要财政政策工具和货币政策工具的协调配合。

一、改革财税体制，完善金融服务

随着国内外经济形势的不断变化，我国的财政、金融体制也必须与时俱进，不断通过改革和创新加以完善。有效运用财政和金融手段是提振国内需求、促进经济发展的有效途径。通过健全财政及税收制度建设、加大财政转移支付力度和完善金融服务三个途径，能够达到扩大消费需求及调整部门结构的目的。

（一）完善税收制度建设

税收杠杆是各国政府宏观调控运用的基本手段。只有改革税收制度，完善税收体系建设，通过发挥税收对居民可支配收入及投资的调节作用，强化税收对部门结构的调控作用，才能促进经济均衡发展。因此，在部门结构失衡的经济形势下，政府应该深刻挖掘税收政策运用失灵的深层原因，充分运用相机抉择的税收政策对投资与消费加以调节。税收体制改革，应着力从扩大消费需求、优化投资结构、调整政府税收职能三方面入手。

扩大消费需求方面：一是要建立健全促进农民增收的税收减免政策。继续实行农业生产资料增值税退税和农业直补相结合的财税政策。对农业龙头企业中从事农产品深加工、种植业、养殖业、新农产品开发、新农技术及工艺研发的企业给予税收减免政策。对于农民从事非农产业经营的要给予税收优惠，充分发挥税收在改善农民收入与提升消费需求中的外部作用。二是对贫困群体及失业群体中自谋职业及自主创业的城镇下岗再就业人员给予较大的减税扶持力度，帮助这部分群体提高收入，同时鼓励并促进其自主就业，从各方面提高吸纳其他下岗失业人员再就业的能力。提高农民和贫困群体的可支配收入是拉动我国居民整体消费需求的关键。三是要完善个人所得税对提高收入和促进消费的调节作用。政府应切实根据各地区经济状况，实行不同税基及弹性税率，提高个人所得税起征点，间接提高低收入者实际可支配收入水平，以提升其消费能力。在实施税收调节的过程中，还应不断加强对高收入者个人所得税的征缴和管理，特别是对国有企业和国有金融企业高管人员的收入要加以监管和调节，缩小居民收入分配差距；适时开征财产税、遗产税等其他辅助税种，促进高收入群体及富裕阶层的即期消费增长。

优化投资结构方面：一是要提高环境税和资源税的税收比重。制定并实施能够促进循环经济发展的财税政策，建立健全支持生态建设和环境保护的财税机制。提高高能耗、高污染产品的增值税，对落后工艺、设备及高污染、高消耗的企业实施限制或惩罚性税收制度。二是要加大对高科技企业及战略新兴企业的税收扶持力度，促进高新技术及战略型企业的快速发展，以推动国民经济产业结构升级，实现产业结构优化及经济发展的双赢。同时，提高高新技术产业享受税收优惠的准入门槛，避免价值链低端企业的"搭车"现象。三是要调整增值税征税标准。增值税是我国税收的一个重要组成部分。对于收入规模较小的小微企业，可适当降低增值税征收比例，对于科技型中小企业、就业型中小企业、服务型中小企业、特殊型中小企业也应给予一定的增值税减免优惠。

调整税收职能方面：一是要调整好中央和地方政府的财税关系。这既是一个经济问题，也是一个涉及国家治理结构及中央与地方利益分配的政治问题。首先，在税率标准的确定上，应由中央根据各地经济情况，确定各地税率的幅度范围，地方政府在此基础上，进一步确定本地区的税率标准。二是要改进税收服务管理工作，明确各地区的税收执法尺度，在保障公平的前提下，更多地体现帮困、促增长的原则。提高税收部门的工作效率，简化税收申报流程，为企业和个体经营者提供优质的纳税服务，降低纳税人的额外成本。三是强化税收过程的监督管理，避免行政执法人员滥用权责、随意调整税收比重等寻租行为，维护国家税收职能的严肃性和法律性，使税收职能更好地服务于社会经济发展。

（二）加大转移支付力度

财政转移支付也称财政转移支出，是指根据分级预算管理体系调节上下级、同级预算主体之间的收支规模而使其达到均衡的一种财政资金转移行为。国家通过有效的财政转移支付手段，重新调整了省、市、县各级政府间不平衡的财政状况，缓解了地区间居民的收入分配差距。加大财政转移支付力度，应做好以下三方面工作。

一是提高转移支付中用于民生工作的支出比例。我国地方间公共品服务还存在较大差异，因此，转移支付应从以人为本、注重民生的角度，以提供公共品和公共服务为主，重点提高偏远贫困地区公共品的投入比例，大力帮助中、西部地区解决由于财力不足造成的公共服务能力不足的问题。继续提高教育支出在财政总支出中的比例，增加对环保、科技和农业的投入比重，扩大公共财政覆盖农村的范围，坚持"多予少取"，推进新农村建设，促进城乡协调发展。此外，财政转移支付还应提高社会保障、医疗卫生、低收入补助、防灾减灾、公共安全等民生方面的投入比重。二是明确中央和地方的财权和事权。进一步明确划分各级政府尤其是省级以下各级政府的事权和支出责任，特别是应尽快明确地方各级政府在义务教育、公共卫生、社会保障、基础设施建设等领域的支出责任。省一级财政同样要加大对基层的转移支付比例，从而促进基层政府提供公共服务的能力。解决转移支付名目多、比例小和转移支付运行不规范的问题，建立科学、公正和公开的转移支付制度。三是提高转移支付的科学性并进行有效监管。我们要加强转移支付资金管理及使用的公正性、公开性和透明性，逐步建立包括转移支付信息管理系统和转移支付公开等制度，使得地方政府能够将中央转移支付的项目和资金安排使用明细进行公开。与此同时，中央对地方一般性转移支付的确定，需根据各地的人口状况、地理位置、管辖面积的大小、气候条件和行政成本等各方面的因素进行详细的调研和计算，使得转移支付资金能够快速落到实处，强化资金使用效率。

（三）加强金融服务建设

首先，继续深化金融体制改革，健全金融服务领域的相关法律法规。建立健全现代金融服务体制机制是我国金融服务发展的基础。目前，我国银行、证券、保险等主要金融服务行业的服务能力、技术创新、资产质量等方面与国际水平相比还存在一定差距，金融服务产品的供给水平、服务效率和竞争能力亟待增强。与此同时，我国有必要加强金融服务行业的立法工作，完善金融法律框架，建立完善的市场经济运行法律体系。保障金融服务行业竞争的开展以及金融监管的有效实施都置于既定法律框架下进行。此外，还应该不断完善金融服务机构的监管体系，防范和控制各种金融风险，维护资金安全。营造金融市场公开、公平、有序竞争的环境，通过改进金融监管的方式和方法，强化金融监管的内外协调机制，提高金融监管水平，保护金融活动参与者的合法权益。

其次，大力发展小额信贷，为低收入阶层投资提供资金支持。小额信贷是一种小规模的以城乡低收入阶层为服务对象的金融服务方式，产生于20世纪60年代，最初目的是消除贫困和发展农业生产。小额信贷能够为贫困农户或微型企业提供金融服务,使他们获得一个自我创业和自我发展的机会,从而找到自我生存和发展的道路。这既是一种重要的扶贫方式,也是金融体系的一个创新。国家应给予更多的政策倾斜来支持银行开展小额贷款的发放,通过小额信用贷款服务于个人或家庭为核心的投资主体,满足广大个体工商户、小作坊和小业主经营的资本需要。

最后,完善消费信贷服务,助力居民消费需求。随着城乡居民收入较快增长,我国中、低收入群体的消费潜能逐渐被激发,但是总体消费能力尚显不足,扩大消费信贷成为帮助居民实现消费需求、拉动我国内需的重要手段。由于我国消费信贷起步较晚,在运行中还存在不少障碍,未能发挥应有的作用。因此,应建立健全消费信贷体系,提升消费信贷服务水平,通过简化消费信贷申请流程、缩短申请时间、提高办理效率、明晰收费项目和规范操作程序,防范消费信贷风险,更好地为居民消费提供金融支持。此外,金融机构还应加大产品创新力度,开发多层次、个性化的消费信贷产品。随着社会进步,居民收入不断增长,消费者消费观念不断更新,除了住房、汽车等消费信贷产品,还会产生更多的信贷需求,亟待开发出如教育、医疗、生活消费等符合居民需求的消费信贷产品。同时,发挥保险对消费信贷的保障作用,以满足居民的消费欲望,进一步引导和鼓励居民消费。

二、优化投资结构,提高投资效率

扩大内需包括扩大投资需求和消费需求。要把重点放在投资结构的调整上,使投资进一步向保障和改善民生倾斜。

(一)加大投资力度

首先,要加大偏远贫困地区民生领域的投资力度,缩小地区差距,夯实发展基础。我国对民生领域的投资远低于世界平均水平,尤其是对偏远贫困地区的民生投资更是严重匮乏。因此,加大投资力度,前提是将资本分配到最需要的地区和项目上,解决困难群众的生活需求,才能缩小地区差异,改善困难群众的生活状况。

其次,加大战略型新兴产业的投资力度,引领经济发展,促进结构升级。战略新兴产业是指以高技术含量和潜在消费需求为基础的资源消耗少、增长潜力大、综合效益好的产业。加大对战略新兴产业的投资,必须坚持政府引导为主,科技创新与实现产业化相结合,加大投入力度,把战略性新兴产业培育成为国民经济的先导产业和支柱产业。加快发展文化产业，推动其成为国民经济支柱性产业，促进国民消费总量提升与消费结构的优化升级。

最后，加大对科技研发及高端人才培养的投资力度，提高竞争能力，保证发展后劲。我国基础研究和应用研究的支出比重偏低，存在增加投入的迫切需要。科学技术研究开发经费投入数量是衡量一国科技投入的重要指标，也是提高科技竞争力的前提条件。因此，应建立健全多元化、多渠道、高效率的科技投入体系，引导地方政府、社会组织增加科技投入。此外，人才资源是一种可持续开发、最有潜力、最可依靠的资源，也是发达国家长期保持经济、科技领先的重要原因。为了最大限度地培养人才和发挥人才的作用，更好地引领和服务于我国经济社会的发展，还应加大对高端人才、紧缺专门人才、创新创业人才的培养、引进、资助及激励，并且加大综合配套服务等环节的投入力度，加大包括职业教育、高技能人才培养在内的资金投入，从而为我国培养大批高技能人才提供有力的经费保障。

（二）调整投资结构

投资结构是指在一定时期内投资总量中各要素的构成及其数量的比例关系，它是经济结构中的一个重要方面，合理的投资结构可以实现投资效益最大化。我国投资结构存在着投资主体单一、关键性产业投资不足、基础设施投资不到位等结构失衡问题，这些问题严重影响着我国财政资金的分配、产业结构的升级和投资效率的提高。因此，在提升投资总量的前提下调整我国投资结构是解决我国内需结构失衡的根本途径。一方面，加强政策引导，形成多元化投资主体。近年来，我国企业和民间投资比重虽然呈逐年上升的态势，但从资本形成总额的构成来看，政府投资仍然占主导地位。政府投资虽然拉动了经济快速增长，但是财政资金的日益紧张也使得继续依靠政府投资拉动经济的局面难以为继。因此，将政府投资的引导作用与发挥民间投资的积极性有机结合起来，形成多元化投资主体，才能改善我国经济内生性增长动力不足的发展趋势。形成多元化投资主体，还要加强对市场自主投资主体的鼓励和政策引导，支持民间资本投向政府鼓励的项目和符合国家产业政策的领域，大力引导民间资本进入公路、水运、机场、电力、电信等基础产业和基础设施领域，广泛参与民生工程的投资；同时，出台配套性鼓励政策，从财政、金融、税收等方面给予配套支持，解决国家单纯依靠财政手段集中拨付资金的紧张局面,最大程度地提高社会积累资金的使用效率。另一方面,以产业结构升级为目的,调整投资重点。优化投资结构是产业结构升级的前提,投资结构决定产业结构,优化投资结构应将投资的重点放在高新技术产业、服务业以及消费转化效应较大的教育、文化、旅游、保健等领域。随着科学技术的发展,我国应将投资重点集中于以核心技术创新为驱动的产业项目上,促使投资由劳动密集型产业向资本、技术、知识密集型产业转化,提高产业竞争力;促使投资重点向以第三产业为主转换。通过投资教育文化、休闲旅游、医疗保健等产业,满足消费者高层次的消费需求,以期达到通过投资拉动社会消费、促进经济良性循环的目标。

（三）加强投资监管

随着我国投资主体多元化趋势日益明显,国内投资需求呈现不断增长的态势。然而在大规模投资助力经济增长的同时,由于政府投资渠道不一、监管体系不健全、相关法律法规不完善等原因,出现了投资结构不合理、投资项目质量较低、重复性低效投资等问题,我国投资监管体系亟待完善。首先,充分做好投资项目的前期调研及论证工作。我国投资项目超计划投资现象较为严重,在一定程度上造成了财政资金的低效使用和国有资产的流失。与此同时,对于一部分投资风险较大的重大政府投资项目,如果项目决策不科学,也将带来严重的经济损失和一系列负面影响。因此,投资前期做好市场调研、成本预算、项目发展前景、投资收益回报以及项目可行性论证极为重要,坚决杜绝盲目投资和低水平重复建设,努力提高投资效率。此外,相关管理部门要完善制度,加强管理,提高资金的使用效益。对每一项经费的使用,都要精打细算、充分评估论证、科学管理,确保发挥资本投入的最大效用。其次,加强产业政策和行业规划的指导与解读,制定合理的市场准入标准,并严格加以执行。一方面,严格限制对产能过剩及粗放型增长行业进行投资。进一步优化投资结构,避免造成资源浪费、环境破坏和导致整个生态系统严重失衡的状况出现。另一方面,严格控制新上项目,防止重复建设。对于一些项目,如果不符合产业政策或行业准入标准、不按规定履行相应核准或许可手续而擅自开工的,应该停止其建设。最后,建立政府投资审批决策责任追究制度。长期以来,政府投资一直是我国经济社会建设的主要形式之一,但是也有相当部分投资项目存在严重的问题。由于存在着多部门的交叉管理，缺乏协调配合，导致责任不明晰，一旦出现投资重大失误，相关机构和责任人就难以确定。因此，应在项目投产前即明确项目的立项、审批、决策、监管等各环节的责任范围和对责任主体的追究方式，并对前期项目论证部门的咨询、设计、监理等单位和个人的责任予以明确。此外，审批、管理、监督等政府部门和相关人员也要层层明确责任。对于给国家、集体造成重大经济损失或严重后果和不良影响的，要层层追究相关人员的责任，首先是责任领导和直接责任人，其次是相关部门和单位的主要领导，如果构成犯罪的还应该依法追究刑事责任。通过建立相互制约的责任人追究制度，加大公众监督力度，才能保障投资项目合理有序的运行。

三、扩大消费需求，提高消费质量

（一）培育消费热点

消费热点是市场经济条件下某种商品和服务在一定时期内为大多数消费者认同而成为占据主导地位的消费客体的一种经济现象。在经济繁荣时期，消费热点会自发形成，而在经济不振或者是亟待提升消费需求的时期，消费热点就必须依靠政策引导，从而刺激和带动经济复苏。消费热点可以刺激市场需求的持续增长，从而促进生产规模的扩大、消费质量的优化和消费结构的升级。当某一消费热点形成后，这种商品的市场需求就会急剧扩大，从而推动资本和其他社会经济资源向生产该商品的产业转移。这样，消费热点就成为拉动特定产业部门发展从而拉动整个国民经济发展的风向标。培育消费热点应从以下方面入手。首先，培育消费热点要注重其文化内涵。在注重提高物质文明的基础上相应地发展精神文明，符合提升消费质量的本质要求。其次，培育消费热点要考察消费客体的生命周期。生命期较长的产品具有持续增加市场需求的能力，可以在较长时间促进市场繁荣，带动投资增长，在其进入常规消费阶段后，仍具有稳定的消费需求，有利于经济的稳定运行。再次，消费热点的培育应考虑其消费关联度。消费热点对经济增长的促进作用较大，如果能够选择关联效应较大的产品或服务，还可以促进其相关部门生产的增长，进而可以带动一系列产业或地区经济的持续增长。最后，培育消费热点应注意将主导性消费热点和多极化消费热点相结合。由于存在收入水平的差异性、消费习惯的多样性和消费水平的多层次性，要把大多数消费者的消费能力都集中到一个消费热点上是不现实的。因此，要注重以主导型消费热点与多极化消费热点紧密结合，共同提高消费需求。此外，政府还应在培育消费热点的同时，集中力量做好政策扶持，利用价格政策、消费信贷政策、税收优惠政策、产业倾斜政策以及在舆论上对消费热点给予鼓励与引导。目前，我国城乡居民消费仍有很大的增长空间，如果能对市场充分挖潜，引导节能环保、生态旅游、文化教育等产业发展，形成一批文化层次高、关联度强、可持续发展的消费热点，将会长期提升我国的消费需求，增强我国经济发展的内生动力。

（二）提升消费层次

为了满足消费需要的不同层次，可以将消费分为三个等级，即生存资料、发展资料与享受资料。生存资料的消费是最基本和较低层次的消费，主要用来维持简单再生产所需劳动力的正常生活需要；发展资料是消费的较高层次，主要用于提高劳动者的生活质量，是在满足生存资料的基础上进一步提高劳动者的劳动技能和进一步发展消费。消费层次的提升有利于倒逼和激励消费结构的升级，进而促进投资结构的优化升级。因此，在优化我国部门结构、扩大国内需求的时期，应着力引导各个消费群体提升消费层次。

（三）改善消费环境

所谓消费环境是指消费者在消费领域面临的有一定影响的、外在的、客观的基本条件。狭义上的消费环境是指消费硬件环境及配套设施条件，广义的消费环境包括消费的文化环境和消费的法制环境。消费的文化环境具体体现在生产者及消费者的价值观、消费习惯和道德规范对消费的影响上。消费的法制环境则是指企业运行、消费品生产企业的竞争、消费安全、消费者权益保障等对消费行为产生外部影响的环境。因此，改善消费环境要同时维护好消费的硬件环境和软件环境。在我国消费硬件环境上，存在着公共品投入不足和配套设施不健全的现状；同时，消费软件环境不断恶化，侵害消费者权益的事件层出不穷和屡禁不止。这些消费问题已经成为不容忽视的事实，身处如此恶劣的消费环境中，消费者的消费信心深受影响，消费总量增加和消费升级受到严重制约。这与转变经济发展方式、拉动消费的大环境背道而驰。改善消费环境应从以下四个环节入手。

一是加大对消费硬件环境的投入，积极改造和优化消费环境中的硬件设施。政府在直接对消费环境投资的同时，还应积极加强对民间商业投资融资活动的引导。城乡商业网点的选择既要科学规划、合理布局,又要加强对乡镇及农村地区消费硬件设施的建设和改造,避免消费需求受到消费硬件环境不足的制约。

二是建立健全消费的法制环境,继续整顿和规范消费秩序,使广大消费者放心大胆地安全消费,提高现实消费率。这就要继续大力开展宣传教育活动,为消费者营造安全放心的消费环境。其具体实施方式为:利用多种媒体和组织形式宣传有关国家政令、法规;加强企业诚信标准,提高行业公信度,抵制商家错误引导,营造良好的消费环境;建立良好的社会信用机制,打击制假售假的行为,为消费者营造安全的消费环境。

三是倡导健康、文明、道德的消费方式,加强消费行为道德规范的制度建设。对此应倡导公民遵守社会公德意识,倡导诚实守信的商业伦理行为,增强其消费的道德责任感;坚决摒弃和消除违法、不道德及非理性消费行为对消费环境的损害。此外,还应节约消费资源,增强消费者的节约意识、环保意识和可持续消费意识,减少消费对自然和生态环境的负面影响,倡导人与自然和谐相处。

四是强化消费者维权意识,保护消费者的消费权益。国家应及早建立鼓励消费者维权投诉的政策,降低消费者维权成本,建立消费者赔偿制度。将最低赔偿金制度纳入法律体系,制度要体现对消费者有保障性、对侵权者有惩戒性、对其他经营者有警示性。只有理顺消费秩序、提升消费动力并营造可信赖的消费环境,才能让消费者放心消费;只有改善了消费环境、减少了人们的消费风险、消除消费恐惧以及不断化解影响消费环境形成的矛盾之后,才能营造和谐的消费环境和提高消费者的消费水平。

四、增加居民收入,提升消费能力

(一)调整收入分配格局

国民收入的分配格局是指国民收入在政府部门、企业和居民之间的分配比例。从宏观角度看,我国收入分配领域存在的问题主要表现在居民收入在国民收入初次分配中所占比重严重偏低和劳动作为生产要素在初次分配中所占比重严重偏低,这已成为我国投资率居高不下、难以启动居民消费的症结所在。扩大居民消费是扩大内需的重点,根本举措是提高居民收入在国民收入分配中的比重和劳动报酬在初次分配中的比重。从微观角度看,我国不同消费群体面临的消费困境不同。对于低收入者来说，他们的消费倾向高但缺乏真正的购买力；而对于高收入者来说，他们的购买能力较强但消费倾向偏低。因此，调整我国部门结构，在保持投资适度增长的同时，着力增强消费对经济增长的拉动作用，前提就是要加大力度调整国民收入分配结构。一方面，逐步提高居民收入在国民收入分配中所占的份额以及劳动报酬在初次分配中所占的比例，使居民收入增长不低于经济增长速度，使劳动报酬增长甚至略高于经济增长和企业收入增长的速度和幅度；逐步提高扶贫水平和最低工资标准，建立企业职工工资正常增长机制和支付保障机制，实现居民收入增长和经济发展同步以及劳动报酬增长和劳动生产率提高同步。另一方面，逐步缩小居民收入分配差距，加大劳动在各种生产要素按贡献参与分配中所占的比例，调整企业管理层薪酬分配制度，调控垄断行业的收入水平；以增加中、低收入居民收入水平为重点，努力增加低收入者的收入，提高中、低收入居民收入的比重，扩大中等收入人群的比例，促进收入分配结构日趋合理化。

（二）增加城镇居民收入

近年来，我国经济总量持续快速增长，但是城乡居民收入平均增长速度缓慢，不但低于经济的增长速度，而且远远低于政府和企业收入的增长速度，所以扩大居民消费需求必须着力增加城乡居民的收入。

首先，完善职工工资的增长机制。推动机关事业单位工资制度改革，完善机关事业单位人员的工资正常增长机制。根据国家经济发展情况，定期调整工资标准。对私营企业工资进行指导和监管，避免私营企业管理者随意制定普通工人的劳动所得标准，维护劳动者的基本权益。通过提高农、林、牧、渔等传统事业单位人员各类补贴、提高最低工资标准等举措，带动工资性收入整体上升。此外，还应不断提高农村转移劳动者的工资水平，切实解决农民工资偏低问题，建立农民工工资支付保障机制。

其次，推进转移性收入稳步增长，加大对低收入群体的转移支付力度。提高企业退休人员的基本养老金水平，提高失业人员的救助标准，调高城市最低生活保障标准，增加优抚对象的生活补助额度，切实保障低收入群体的基本生活水平。在此基础上，还应建立健全补贴机制，完善补贴制度和经费来源制度，实现补贴的规范化，使低收入群体能够分享经济改革和社会发展的成果。

最后，拓宽城镇居民收入来源渠道。增加城镇居民收入，应进一步扩大居民的收入渠道，引导居民扩大财产性投资和增加经营性收入，有助于城镇居民进一步增加收入。通过鼓励城镇居民自主创业、就业，从准入政策、融资、技术、税负等方面给予扶持，以激发城镇居民从事经营的积极性，不仅可以提高经营者的收入，还可以为社会提供更多的就业岗位，带动更多的居民就业，使之成为城镇居民收入增长的重要渠道和来源。同时，积极引导和鼓励居民将各类中长期储蓄转化为各类投资，大力培育专业理财机构，发展个人金融理财业务，并制定相应政策，激发群众的投资热情，增强人们投资理财的意识，确保居民现有财产保值、增值，以促进城镇居民持续增收。

（三）促进农民收入增长

农民收入增加缓慢是我国居民收入分配领域中最为突出的问题，它已成为制约国内消费需求增长的主要因素。若不采取有针对性的措施促进农民收入增长，国内消费需求启动将难以实现。

一方面，要加大对"三农"的财政支持力度。这就要求加大各级政府对农业和农村的投入力度，扩大公共财政覆盖范围，健全财政支农的稳定增长机制，改善农民生产、经营环境，千方百计提高农民收入；加大对粮食主产区的扶持力度，增加对农民的直接补贴；大幅度增加农资综合直补、良种补贴和农机工具设备购置补贴；制定好农产品生产经营风险基金政策，提高农产品最低收购价格；加大财政对农业科研的投入，实施科教兴农、科技成果转化和科技产业化，建立农业科研创新体系；加大财政对乡镇企业的扶持力度，并从融资、人才交流、信息交流、投资政策和税收政策等方面给予乡镇企业必要的支持，使乡镇企业具备良好的发展环境，为农村居民从乡镇企业获得较好收入创造条件。

另一方面，要完善政策、技术、融资、培训等组织引导措施。这就要求要以建设社会主义新农村为契机，通过搞好信息服务，充分用好国家的惠农政策；针对农产品市场供大于求和农民增产不增收的问题，加速农产品加工业的科技进步；充分挖掘农业内部增收潜力，指导农民扩大养殖、园艺和绿色食品的生产经营；积极发展农村信贷，支持产业发展，鼓励引进龙头企业带动发展；加大力度做好农民的科技培训，整合技术力量，通过组织农民到外地参观、学习、培训，努力提高农民的实用技术水平。切实把工作重点转到对农户和各类经济主体进行示范引导、提供政策服务以及营造发展环境上来，努力增加农民收入。此外，还应加快农村经济结构调整升级。对农业和农村经济结构进行战略性调整是增加农民收入的根本途径。农业和农村经济结构调整要面向市场。调整乡镇企业的生产结构与组织结构就是要通过提高乡镇企业的素质和竞争力等途径改造和发展乡镇企业。农业发展要以优化品种、提高质量、增加经济效益为中心，提高农产品加工水平和效益，完善农业产业化经营。还要发展特色农业、高效农业，加强依靠龙头企业带动农产品加工基地的建设，大力发展农产品的精深加工，提高农产品附加值。对此，要加速发展高科技农业、高价值含量的农产品，实现农业现代化，积极参与国际竞争，努力扩大农产品在国际市场中的份额，提高农民收入。

第三节 区域结构调整中政策工具的使用

从发展角度看，区域产业政策和财政政策对区域经济发展起主要调控作用，而运用适度差别化的货币政策工具则对区域经济发展速度和稳定性的调控起到主要作用，尤其对促进发展的可持续性和防止某些领域畸形发展并最终实现区域和整体经济的均衡发展有着特别的意义。

由此，运用区域产业政策、财政政策及其他经济政策调整区域产业结构，必须注重和坚持调整战略的全局性，尽可能避免因区域经济结构同构化导致的规模不经济、重复投资、资源浪费等问题。在此基础上，差别化的货币政策工具对推动区域经济稳健增长和结构良性升级的作用才可能是积极有效的，而不是相反的。

在区域经济结构调整中，要坚持战略的全局性。其一是要将区域经济结构调整与全国经济结构调整的整体目标结合起来，避免区域产业结构趋同。国家要加强对各区域产业结构调整的指导，需要综合考虑各区域的比较优势，通过发挥各区域的比较优势，形成合理的区域分工合作关系。其二是要将区域经济结构调整与解决区域差距问题结合起来。把缩小区域经济发展差距作为制定区域经济结构调整战略的出发点和落脚点。其三是要坚持市场化导向，发挥企业作为市场主体在区域经济结构调整中的作用。

一、促进区域结构调整的财政政策选择

对于西部地区，财政需要进一步加大支持力度，支持重点可以放在基础设施、特色优势产业和生态保护等方面。

（一）在基础设施项目上

建议按照适度超前的思路重点推进西部地区的铁路、公路骨架网络建设，构建大交通大物流体系；同时加快建设西部地区的重大水利工程等农业基础设施，提高农业综合生产能力和农产品深加工能力。财政资金是基础设施投资的主力军，中央预算内投资需要继续向西部地区倾斜，地方政府做好相应配套。与此同时，结合投资体制改革，积极引入社会资本投向西部地区的基础设施建设。在这方面，国家已经出台了铁路投资体制改革政策，中央设立了铁路发展基金。西部地区各省级政府应设立相应的铁路发展基金，吸引政策性金融机构、国家级和区域内大型企业集团参与相关建设，可以考虑通过特许经营权的方式盘活铁路沿线土地资源并带动项目建设。

（二）在产业发展方面

西部地区不能走重复建设的老路，必须依托自身比较优势走出一条差异化路径。财政重点支持建设西部地区产业基础平台，加快推进产业转移示范区建设，积极承接发达地区产业转移，结合各地区特点来发展区域特色优势产业，提升能源资源集约利用和深加工能力。对于重点领域，财政可以通过专项补贴、贷款贴息等手段进行必要的直接扶持，同时积极引导社会资本参与，并借助产业投资基金等平台加快产业集聚。

（三）在生态保护方面

可以利用税收杠杆对资源型企业按规定提取的环保资金给予税前扣除，从而鼓励其转变生产方式；同时加大投入力度，中央财政稳定地加大对西部地区生态保护工程的投入力度，实施退耕还林还草、防沙治沙、天然林保护和水土流失治理。另外，加快构建和完善生态补偿政策机制。对于生态补偿而言，中央财政对重点生态功能区加大均衡性转移支付力度，在西部地区加快建设生态补偿示范区，同时鼓励生态保护区和生态受益区之间实施生态补偿，逐步提高生态补偿标准，并将其逐步覆盖至森林、草原、湿地、流域和矿产资源开发等方面。

中部地区连接东部地区和西部地区，自身具备一定的产业基础，不少

地区的区位优势比较明显，也有不少地区属于农业主产区。国家对中部地区发展的战略定位十分清晰，即粮食生产基地、能源原材料基地、现代装备制造以及高技术产业基地和综合交通运输枢纽（三基地、一枢纽）。

围绕这一战略定位，财政需要在基础设施建设、产业调整升级、发展现代农业和次区域发展等方面积极发挥支持作用。

由于历史欠账的原因，中部地区的交通、能源、资源等基础设施建设相对滞后、水平较低，网络断点多。因此，建议结合投融资体制改革，各省级财政可以发起设立铁路发展基金，吸引国有企业和社会资本参与其中，在中央财政支持下推进重大铁路项目建设。对于主产区的能源、资源基础设施，建议采用PPP模式吸引社会资本进行建设和运营，这样既可提高运作效率，又能减轻财政投资压力。另外，可以考虑财政支持设立专门的产业投资基金展开投资运作。

中部地区的产业定位"夹心层"特点比较明显，产业结构调整压力较大，新兴产业发展基础薄弱，传统产业竞争力弱化，同时落后产能过剩现象也比较严重。因此，财政可以鼓励企业兼并重组，加快淘汰落后产能。由于战略性新兴产业和高技术产业的技术路线不确定性强，建议财政一方面给予相关企业合理的补贴支持，更重要的是通过支持产业园区、产业创新平台等途径来促进产业合理聚集和健康发展；另一方面也可以利用产业投资基金等平台进行市场化的运作，降低相关项目过于依赖财政支持的道德风险。这就要求支持产业转移示范园区建设，积极承接东部地区以及国外产业转移，提高中部地区的制造业承载能力。同时，积极支持关键技术研发和产业化应用，促进新能源示范工程、国家自主创新示范区等建设。

中部地区作为国家重要的粮食生产基地，加快发展现代农业意义重大。中央财政需要对其进行稳定投入，改善中部地区的农业基础设施，建议重点支持高标准农田、重大水利工程，并支持推广农业科技和深松整地等新型农业生产方式。同时，地方财政也应积极改善中部地区农村基础设施，中央财政要对此给予合理支持。

次区域发展与新型城镇化布局密切相关。一方面，针对长株潭城市群、武汉城市圈、太原城市群、皖江城市带等重点区域，建议合理提高开发强度，提高其产业支撑和人口承载能力，并以之为依托推进中部地区次区域的协调发展。同时，由于核心城市较少，因此建议中部地区的次区域发展和新型城镇化重点面向中小城镇。考虑到中部地区县域经济相对落后和县级财力基础薄弱，建议加快推进省直管县的财政管理方式，提高其公共服务供给能力。

东部地区聚集了我国主要的经济总量，也是我国产业技术、人才智力等创新资源最为富集的地区。东部地区创新体制机制，率先实现转型升级，对于国家整体发展将发挥重要的战略性引领作用。

财政政策支持东部地区创新转型，建议以长三角、珠三角、环渤海及京津冀地区三大经济圈为核心，而政策支持重点为区域协同发展和推动自主创新。需要指出的是，由于发展基础较好，东部地区一般对资金供给方面的需求没有中、西部地区强烈，往往对制度和政策供给的需求更为迫切。因此，财政有必要侧重于从政策创新着手，允许先行先试，加大对东部地区的支持力度。

首先，促进区域协同发展。在区域产业分工和布局优化方面，财政可以利用补贴、税收等手段，引导企业加强技术改造升级，并整合完善既有的产业园区等公共基础平台，建设具有世界级水平的高端制造业基地；同时，向中、西部地区和长江经济带等合理转移部分产业，对于在转型过程中出现经营困难的企业给予短期补贴，以便妥善安置企业员工和促进社会稳定。在区域基础设施建设方面，东部地区金融资源富集，市场机制和市场文化基础比较好，因此有着独特优势。在发挥财政资金引导作用的同时，可以大规模推广运用PPP等模式，吸引大量的社会资金投资于区域基础设施和综合交通体系建设，从而合理提高投资强度并拓宽民间投资渠道。另外，统筹推进城市群布局，在东部三大经济圈建设高水平的城市群。

其次，推动自主创新。东部地区创新资源富集，也是我国创新成果最为丰富的地区。一方面合理加大财政投入，同时带动社会投入，提高区域创新投入强度。在投向方面，建议重点支持东部地区，加强国家自主创新示范区建设，可以利用财政支持初期引导扶助、贷款财政贴息、研发费用税收抵扣等手段促进企业科技创新活动；另一方面积极利用东部地区发达的多层次资本市场和各类创业投资基金等平台，放大财政支持效果，实现财政支持的市场化退出。在加大投入的同时，更重要的是创新机制和完善环境，加快推进市场一体化进程，促进生产要素的自由流动和优化配置，完善以企业为主体的技术创新体系，建立产学研联盟，促进科技成果转化。另外，建议改进国有企业绩效管理，可以考虑对符合条件的国有企业或混合所有制企业推广技术入股和管理层股权激励，有效激发创新活力。

二、促进区域结构调整的货币政策选择

货币政策工具分为一般性货币政策工具和选择性货币政策工具。一般性货币政策工具即常规性货币政策工具，以总量调节为主，其作用的对象是货币和信用总量，包括法定存款准备金政策、公开市场业务、再贴现和再贷款政策。选择性货币政策工具是对一般性货币政策工具的补充，包括直接信用控制、间接信用控制、优惠利率、消费者信用管制和房地产信用控制。

我国货币政策存在的主要问题之一是全国"一刀切"式的统一货币政策难以满足一些地区的实际情况。因为中国区域经济发展有明显的差异性和不平衡性，各地经济结构和发达程度不同、供需状况不同、消费能力和需求特点不同、信贷投资环境不同、防范处置风险能力不同、微观经济主体偏好不同，还有地域社会文化等方面的差距，降低了统一性货币政策的效果。因此，运用适度差别化的货币政策工具对区域经济发展速度和稳定性调控可以起到一定的作用。

运用适度差别化的货币政策工具必须坚持制度化方向，必须建立规范的授权方式和评价程序，以保证全局协调和区域金融稳定。不同于宏观货币政策的总量调控目标，差别化货币政策工具在调控区域货币资金总量的同时，更加注重区域经济金融结构调整。

（一）再贷款目标差别化

再贷款政策具有扶持欠发达地区经济和实现区域经济协调发展的功能。通过对欠发达地区加大支农再贷款及存款准备金等各项优惠政策的支持力度，支持金融机构加大对"三农"、中小企业等薄弱领域的信贷投放，可以有针对性地增加欠发达地区信贷资金的可得性。

继续实行支农再贷款战略，扩大对中、西部地区农业、农村发展的支持。以往的支农再贷款对农业、农村发展起到了支持作用，因此为了进一步满足中、西部等地区农业、农村发展的需要，支农再贷款应更多地向中、西部地区倾斜。在具体应用操作上，应该在再贷款期限、内容和再贷款利率上有所区别。在再贷款期限上，支农再贷款应针对不同农业发展需要对再贷款期限

要有所区别,如支持林果产业发展的再贷款期限要扩大到2年到3年之久等。在再贷款操作内容上要注重对农村产业结构的调整,促进农村向城镇化建设过渡;在再贷款利率上,发达地区与落后地区要有所差别,降低落后地区再贷款利率水平。

加大再贷款对中、西部等地区政策性金融机构的资金支持。由于资本的逐利性,通过商业银行对中、西部和东北地区的工业、农业的发展进行资金支持是没有效率的,对再贷款进行分地区配给操作会引起商业银行的资金流入利润率较高的东部地区,导致再贷款政策效果大打折扣。因此,国家应该增加中、西部地区政策性的金融机构,如增加国家开发银行、农业发展银行等金融机构的数量和对其加大资金支持,以此来加大对中、西部地区的资金供给。

增加扶持再贷款数量。扶持再贷款主要是扶持中、西部和东北地区一些产业发展、基础设施和小城镇化的项目建设,促进产业结构的优化和中、西部地区的城市化进程。扶持性的资金可以通过国家再贷款进行筹集,但应该对再贷款的时间期限进行规定。由于基础建设、小城镇建设的项目周期比较长,对再贷款期限也应该有所延长;在利率水平上,应降低对中、西部等地区的再贷款利率,减轻企业或政府的压力;在减少风险方面,扶持再贷款的担保机制建设。

(二)再贴现具体操作差别化

再贴现与地区经济发展相关度很大,中、西部等有些地区票据市场不发达,通过再贴现工具操作,对中、西部落后地区经济发展支持力度不足。对再贴现工具实行差别化,可以先通过支持经济落后地区票据市场结构的发展建设,然后在具体操作手段上探讨再贴现工具的区域差别化。

1. 再贴现规模

对于再贴现的分配上,适当向中、西部等欠发达地区倾斜。

2. 再贴现票据种类的调解

再贴现票据的种类,体现区域经济发展的政策意图,引导金融机构的资金投向。

3. 管理权下放

把再贴现率的浮动权下放给分行管辖,给予中、西部落后地区较高的浮动幅度比例。

（三）公开市场业务不能差别化

公开市场业务是中央银行公开买卖有价证券。这可以调解信用与货币供给，对各类金融机构的资产构成、资金运营等影响明显，但不能进行公开的市场业务区域化操作。

（四）实行差别存款准备金政策

对不同区域和不同行业执行不同的存款准备金率，是中央银行积极应对市场变化而使货币政策更具针对性和灵活性的体现。利用差别存款准备金政策，可以引导商业银行对信贷进行合理投放，进而起到降低货币政策执行效果的区域差异作用。

（五）实行区域性利率政策

一是对中、西部地区一些资金利润率比较低、银行贷差较大的落后地区设置一些优惠利率，使其与西部企业的经济效益和承受能力相适应，降低企业的融资成本。优惠贷款应遵循财政贴息的原则，以弥补西部地区金融机构由于贷款利率降低所带来的利润损失。二是在利率管理上实行分级管理和差别政策。在规定利率基准及浮动幅度的前提下，各区域具体的利率水平及内部结构等权限适当下放给各大区分行。

（六）窗口指导引导差别化

中央银行的"窗口指导"，虽然对商业银行等金融机构不具有硬约束，但可以通过中央银行分支机构对区域经济和金融发展状况的分析和对未来经济发展方向的说明以及风险预测和信贷指导意见等，向商业银行传递信号，引导银行资金投向未来有利于区域经济协调发展的产业或领域，为中、西部地区的区域经济发展提供资金支持，促进产业结构的优化。

为促进中、西部和东北落后地区经济发展，"窗口指导"工作应该集中在以下几个方面。

（1）西部地区蕴含着丰富的稀有矿产资源、旅游资源、水能资源、生物资源、药材资源，这就要求中央银行应该根据中、西部地区自然资源禀赋、农业地位的重要作用，加大对其特色优势产业的支持，将落后地区有限的资源集中使用，引导全国资金向落后地区流动；还应加强对欠发达地区特色资源高技术、高水平的开发，培育高技术含量、高附加值特色产业，推动落后地区的产业升级。

（2）中、西部和东北欠发达地区一般基础建设需要的资金量大、周期长，但是资金供给不足，中央银行一方面需要加强欠发达地区信贷政策的指导并更新贷款担保方式和放松信贷期限；另一方面应鼓励商业银行、证券公司等金融机构在落后地区建设分支机构，建立中小企业信用担保、再担保和担保监督体系。

（七）赋予基层中央银行更大的信贷政策自主权

在人民银行总行总体的指导性调控政策基础上，应赋予基层中央银行更大的信贷政策自主权。各基层中央银行可按照区域性经济金融的特点实行因地制宜、分类指导的政策，以便更有效地发挥信贷政策促进结构调整、优化资源配置的作用。

（八）顺畅货币政策传导渠道

我国货币政策的中介目标包括狭义货币供应量、广义货币供应量、现金及信贷规模等，由于我国货币政策传导的主渠道是信贷渠道，因此其中信贷规模是需要关注的主要目标。随着对外开放程度的不断深化和货币市场、资本市场的发展，汇率、利率及金融资产价格等中介目标的作用开始显现，中央银行应重视直接融资、民间信贷对于货币政策传导机制的影响，加强对商业银行及民间小额贷款的管理。

1. 深化国有商业银行体制改革，完善经营机制

国有商业银行要改变高度集中的信贷资金管理体系的现状，应根据所在区域的经济发展状况、投资收益水平和信用度情况，对其分支机构实行区别对待的信贷政策。可根据当地经济金融运行状况划分不同的管理级次，扩大二级分行的信贷管理权限，对国家重点开发的经济区和国家产业重点建设区域内的项目建设实行倾斜政策，增大信贷资金的投放量。对部分信用度较高、资金成本承受力较强、经济前景较好的地区可加大贷款授权。

2. 资产负债比例管理的区域化

资产负债比例管理在强调商业银行经营中的"三性"原则的前提下，加强资产负债的规模与结构的管理和调整，注重商业银行经营中的资产负债间的动态均衡关系，它以一系列的指标和比例关系来约束银行的经营行为。实行区域化的比例管理，应放宽中、西部地区的商业银行资产负债比例管理

相关指标要求，以增加其可用信贷资金，尽可能满足中、西部经济发展对资金的需求。

3. 改善货币政策在农村的传导效果

首先中、西部地区要继续强化支农再贷款的作用，引导农户贷款特别是农户小额信用贷款的可持续增长。鼓励农村信用社大力发放小额信用贷款，放大基础货币在农村的乘数效应，增强货币政策传导效果。其次应进一步发挥再贴现杠杆作用，对有市场、讲信用的农村经济组织特别是民营企业的商业票据敞开办理再贴现。最后是稳步推进利率市场化，运用利益驱动机制，通过引导商业银行增强贷款定价能力，吸引商业银行进入收益风险比相对较高的农村金融领域。

第四节 城乡结构调整中政策工具的使用

城乡一体化是在我国改革开放取得巨大成就的基础上，为了缩小城乡差距、彻底消除二元结构所作出的重大战略决策。城乡一体化是在市场经济体制下进行的，但城乡一体化不是单纯的经济行为，而是广泛涉及政治、经济、社会的复杂综合行为，在其建设过程中，应该适当发挥政府的调控作用，注重政策工具对城乡结构的调整作用。

一、恰当发挥政府在城乡一体化建设中的作用

首先，要辩证地看待市场与政府在城乡一体化过程中的关系。崇尚市场经济的西方国家，在缩小城乡差距、解决农村落后问题上发挥了政府的宏观调控作用，并且作为主导力量推动了农村地区的经济发展。实践证明，市场这只"看不见的手"并不是万能的，它不仅具有局限性、短期性，而且往往在实现社会公平、缩小城乡差距等问题上显得相当乏力，当市场不能满足社会需要时，政府就要干预。世界各国在缩小城乡差距、解决农村落后问题上普遍实行的政府干预正是出于对市场机制这种局限与缺陷的弥补和纠偏。市场失灵的存在为政府宏观调控提供了可能性和必要性，但市场配置资源的基础性作用绝对不能由政府来代替。所以，在城乡一体化实践过程中，需要辩证地认识市场与政府的作用，既要发挥市场对资源的基础配置作用，又要重视政府的宏观调控作用。实践中，注重发挥市场与政府两个方面的积极性，

实现市场配置资源基础性作用与政府宏观调控作用的有机结合。事实上，在缩小城乡差距、消除二元结构上，只注重市场的基础性作用，不考虑政府的宏观干预，只能使城乡差距越来越大，城乡一体化的实现成为梦想。

其次，恰当发挥政府在城乡一体化建设中的作用，就是要加快政府职能的转变，将政府以行政管理为主转变成为市场主体提供良好服务和创造健康市场环境上来。在城乡一体化实践过程中，政府职能的转变主要体现在以下几个方面：一是为城乡一体化发展提供稳定、健康的运行环境。40多年改革开放取得的最大经验就是经济发展需要稳定的社会环境。我国还是一个发展中国家，社会文明、公平、法制还没有达到非常成熟的程度，政府在城乡一体化建设中需要发挥维护稳定的作用，保证城乡建设能在平稳、健康的环境下进行，但政府需要掌握维稳的尺度，决不能借此干扰和影响城乡经济的正常运行。二是政府应统筹城乡发展，科学制定城乡一体化发展的整体规划，灵活运用财政、税收、金融等宏观调控手段，制定适当的、向农村倾斜的财税、金融政策，建立起宏观调控的长效机制，确保城乡一体化目标的实现。三是政府作为宏观经济协调者，积极创新有利于城乡一体化发展的各项制度，打破计划经济时期形成的城乡分治、部门歧视的制度性障碍，促进资本、技术、人才、经营管理、信息等生产要素在城乡间灵活流动，让市场配置资源的基础性作用得到体现。四是纠正市场失灵，为农村提供全面的公共产品。在城乡一体化进程中，政府的行为边界是市场失灵的发生。过去城乡发展的实践表明，城乡公共产品不平等供给就是市场失灵的主要表现，政府应该纠正市场失灵，最大限度地为农村提供教育、医疗卫生、社会保险、基础设施等公共产品。

二、促进土地规模经营，以增加农民收入

土地在我国曾经走过分散—集中—分散的变化过程。家庭联产承包责任制将中华人民共和国成立后土地集中经营的形式彻底改变，为我国经济重新走上正轨、中华民族再次腾飞奠定基础。随着改革开放的深入，单家独户经营的形式越来越不适应城乡经济的进一步发展，土地规模经营的呼声越来越高。事实证明，土地规模经营能够有效提高农民收入。其原因有三：一是土地规模化经营提高了农业生产效率，提高了土地的经济效益。土地集中经营有助于采用新的机械、新的技术，能够提高农业生产效率。二是土地规模

化经营提高了土地的利用效率。我国农村空心化现象不断出现，许多农民丢掉农具，进入城市，大量土地无人管理和无人耕种。土地规模化是一个从分散到集中、从粗放到集约的过程，是一个企业追求效益最大化的过程。规模化经营将会利用每一片可以利用的土地以提高规模化效益。三是土地规模化经营解放了部分农民，间接地促进了农业剩余劳动力的转移。当土地经过正常流转集中到少数经营者手中的时候，土地原经营者便可重新择业，或者进城改变身份，或者在规模化经营的土地上成为产业农民。

尽管土地规模化经营有助于提高农民收入和缩小城乡差距。但是，这一经营形式并没有在我国得到广泛推广，最主要的原因是我国农民不拥有完整的土地产权。在农民土地产权不清以及城乡公共服务存在差距的情况下，土地规模经营必然受到影响。要看到，土地规模经营的推广是一个循序渐进以及与其他制度改革相互联系的过程。

上述问题我们应该从以下几方面来解决。

第一，给予农民完整的土地承包权利，调动农民流转土地的积极性。农民拥有完整的土地承包权是其愿意参与土地流转的前提，也是土地得以规模化经营的前提。完整的土地承包权包括对土地的占有权、经营权、收益权和处置权。农民承包土地后理论上享有了这些权利，但实际上农民作为土地承包者拥有的是不完全的承包权利。农民承包土地，拥有了土地的经营权、收益权，却没有拥有对于土地完全的占有权和处置权。在土地流转中这一点表现得非常明显，土地的处置权部分甚至大部分仍然掌握在发包者手中。这导致土地流转过程经常出现不平等交易，使农民利益受到侵害，降低了农民流转土地的积极性。显然，给予农民明确的、完整的土地承包权有助于土地流转和土地规模经营的形成。

第二，寻找适合土地规模经营的组织形式，让农民在规模经营中获得实实在在的收益。在土地流转、规模经营的发展过程中，逐渐形成了公司＋农户、公司基地＋农户、公司中介组织＋农户以及股田制等新的农村土地经营模式。任何一种规模经营模式都需要考虑是否有利于农民得到实惠、农民的利益是否能得到保障、农民是否真心参与。只有得到农民认可和在农民自愿参与前提下形成的规模经营组织形式，才能顺利实施其经营活动，才可成为有效的组织形式。规模经营组织形式也要能够保证农民的短期和长期利益，以及要考虑农民的实际承受能力和农民的适应能力。

第三，培养农村规模化经营带头人、农民企业家，让土地规模经营扎根农村。推动农村土地规模经营除了资金、技术、组织形式，还有一个重要的要素就是规模化经营带头人或农民企业家。我国农村土地规模经营大部分发起者、推动者是村集体负责人。这些人也将改变土地经营状况和提高村民收入当作他们的分内之事。这样的考虑未尝不好，但由此阻碍了其他农民特别是在农村中具有一定威望、技术和思想并具有创新能力的农民参与。培养规模化经营带头人、农民创业者、农民企业家首先应该从农村自身做起，实行村内民主和村务公开，让所有村民共享政策、信息、技术、市场等各项资源，减少村集体管理层和村民之间的隔阂甚至对立，使更多村民参与到农村变革的进程中来，以此发现、培养出可带领农民进行规模经营的、农民自己熟悉和信赖的企业家。另外，政府也应为这一进程积极出力，政府可利用自己的管理优势和信息资源优势，组织大专院校对农民进行创业及企业经营管理培训，激发农民的创业积极性，增加农村中创业者、企业家的数量，推动农村土地规模经营的发展。

第四，发展能使大多数农民愿意且有能力参与的富民产业。土地规模经营的参与者、实际操作者主要还是农民，发展农民熟悉的、大多数农民能够参与的产业对规模化经营有实际帮助作用。当然，富民产业的选择仅仅靠农民自己还不足以实现，农民由于能力限制，无法找到、确定适合的产业，在这个问题上还需要政府加以支持和帮助。

第五，增加对农民的培训和培养，提高农民的素质和技能。规模化经营使得农民出现两种择业机会：一是继续在土地上工作，变传统农民为现代农民、产业农民。二是使农民转入非农产业，甚至离开土地而进入城市。适应这些改变，需要提高农民的素质和技能。除了农民自身寻找各种学习机会外，政府还要在九年制义务教育的基础上，制定支持政策，加大财政资金支持，增加对农民的技术培训和职业素质训练，帮助农民提高劳动生产技能，使农民真正成为适应现代经济社会发展的人才。特别是使那些仍然依靠农业就业的农民能够适应规模化经营的要求，在不离开家乡、土地的情况下，就可以改变身份，提高收入。

三、实行对农村倾斜的财政、税收、金融政策

缩小城乡差距、实现城乡一体化不但需要遵循市场规则并依靠市场力量，同时还应积极利用政府各项优惠政策。城乡一体化是二次改革能否取得成效的关键，是能够使城乡居民公平享受改革成果、实现社会主义共同富裕目标的关键。增强农村经济实力，使之追赶上城市经济是城乡一体化的重点，但仅仅凭农村自身无法做到这一点，庞大的人力、物力、财力投入理应得到政府的支持，无论从经济意义上还是政治意义上，对农村倾斜的财政、税收、金融政策是应该的。

财政政策是政府干预经济运行的必要手段之一。在市场经济运行规则下，政府完全可以运用必要的财政政策对农村经济给予支持。一是增加财政对农村公共品的供给数量。长期以来，国家财政关注的重点在城市，对农村公共品支出的比例一直较低，造成城乡在医疗卫生、教育、社保等方面的差距越来越大。特别是农村基础设施，由于得不到足够的资金去维护、保养和改造，越来越影响到农村经济的发展。在城乡一体化建设过程中，政府要增加财政在农村公共品上的支出，扩大农村基础设施建设的投资范围，将关乎农村经济发展的路、水、电、通信都当作公共物品，彻底改变农村落后、吸引力差的面貌。二是调整财政支农政策，增加对农业的投入。农业产业化、土地规模经营是未来农业生产经营的主要方向。农业生产方式的改变首先需要改善农业基础设施，现代农业、特色产业都需要水、电、路甚至通信的配合，这些对于普通农民来说是无法完成的。实际上，农业产业化、土地规模化经营受益的不仅是农民，从长远看，包括政府在内的整个社会都将获益，政府完全可以将农业基础设施的改造作为公共物品进行投入，也可以先选择适宜于农业规模经营、产业化经营的地方投资改造，将其变成永久的固定设施。不管经营者改变与否，这些设施任何时候都能够使用。三是增加农业科研的财政投入。鼓励、扶持基础农业研究和农业生产技术推广，对于重点农业科研项目给予资金支持。同时增加农业教育的经费投入，兴办农业技术学校，为现代农业培养应用性技术人才。四是在城乡一体化建设中，将一定的资金用于农村生态环境改善和保护，不能让城乡一体化富了百姓，却污染了环境，而是让农村变得更适于生存。

在支持农村经济发展的政策中，税收政策也是一项必要的措施。尽管

我国全面取消农业税，农民由此直接增加了收入，但在城乡一体化建设中，还可以在税收政策上做到支持农村。对于从事农业规模化经营、带动地方农业产业链发展的企业，以及能够带动大量农村劳动力就业的农村企业，给予一定的税收优惠。对于在农村经营中成为龙头企业，并能在农业生产技术、科研上有所突破、值得推广的企业，给予税收优惠。对于愿意稳定到农村投资并能吸纳相当数量农村劳动力的外来投资企业，给予税收优惠，如减税或给予一定时期的免税待遇。总之，通过税收倾斜，鼓励农民创业，吸引城市投资者进入农村投资，带动农村经济的发展。

农村经济发展缓慢的一个重要原因就是资金短缺。农村发展需要大量资金投入，但农村资金来源渠道窄，农民筹资困难。城市中随处可见的各种金融机构，在农村基本看不到。农村仅能看到中国农业银行以及农村信用社，而且，这两家银行主要面对政府以及事业单位，农民从这些金融单位贷款非常难。城乡一体化必须对农村金融缺乏的现状作出改变，让农民创业有更多筹资渠道，有更为便捷的贷款手段。首先，增加农村金融机构，在农村除了农业银行和农村信用社外，应该有更多的银行、基金、保险机构进入农村，成为农民创业的筹资渠道。其次，大力推广小额贷款模式。世界各地经验证明，小额贷款在对贫困或中低收入人群增加收入、对农村发展和减少贫困方面有很大的帮助。我国农村人口众多，而农村金融业并不发达，完全可以借助这一模式带动农民投资创业，改变贫穷、落后的状况。再次，争取中央信贷资金支持，政策性银行也应将农村作为贷款重点投向地，对农村发展有带动作用的中小企业提供专项贴息、低息优惠贷款，对其筹资给予积极支持。最后，积极为农村争取更多的政府或国内外扶持资金，帮助农村进行基础设施等各项社会事业建设。

四、以城乡公共服务均等化缩小城乡差距

城乡公共产品供应差距既是城乡差距的表现，也是城乡差距的原因。众所周知，政府最基本的作用就是向社会提供公共产品。但是，长期以来，城乡居民享受到的公共产品并不相同，城市居民拥有的一些公共产品农民就没有享受到。城乡居民公共产品差异主要体现在准公共品方面，如教育、医疗卫生、基础设施、社会保障等方面。城乡公共服务均等化主要包括四个方面内容：一是城乡教育均等化，需要统筹配置城乡教育资源，科学布局教育基础设施，同时借助市场机制和政府协调作用，推动城市优质教育资源转移到农村，帮助农村提高教育质量和水平，让城乡居民共同享有平等教育的机会；二是城乡医疗卫生均等化，建立覆盖城乡的医疗救助体系和预防体系，科学分配城乡医疗卫生资源，提高农村地区医疗卫生水平；三是城乡公共基础设施均等化，统筹城乡，科学规划，有计划、有步骤地加快农村交通、水电、通信等基础设施的建设，重点加强高原、山区等落后地方的道路改善，以及农村垃圾处理、污水排放等设施的改造；四是城乡社会保障均等化，加快农村社会养老保险、失业保险制度建设，提高农村养老、医疗、失业保险的质量。同时关注城乡最低生活保障制度，逐渐拉平城乡最低生活保障水平。

城乡公共服务均等化是一个复杂的系统工程，需要各部门相互配合、循序渐进。其一，要转变观念，明确城乡基本公共服务平衡供给是政府应该具有的职能，政府在公共产品投入上不再偏向城市、忽略农村，农村同样重要；其二，逐步解决基层财政收入不足、没有能力提供足够公共产品的难题，逐步改革和完善公共财政体制，无论是下放财权以提高基层财政部门支出能力，还是增加税收返还额度，都是要保证基层政府有能力向农村提供公共产品；其三，完善农村教育、医疗卫生、社保等公共服务制度。对于农村教育，逐步提高对农村教育的投入，改善教学设施和教师待遇，引进优质教师资源。增加农村医疗卫生的投入，改善农村医疗卫生设备，完善新型农村合作医疗制度，同时实施农村医疗救助制度，解决农村特困人口的医治难题。对于农村社会保险，应依据不同地区的经济发展情况，拓宽农保基金来源渠道，尽快制定出适合本地区农村养老保险的制度；其四，逐步提高农村基本公共服务供给标准，缩小城乡公共服务供给水平差距，将农村公共服务纳入城市公共服务体系中去；其五，随着农村公共产品供给的增加，尽快制定城乡统一的公共服务供给制度，取消城乡不同的公共产品供给，最终实现城乡公共服务均等化。

五、经济、社会、生态协调发展，实现城乡一体化

城乡一体化是要使城乡居民平等共享社会发展取得的成果，这不仅要关注城乡经济协调发展，而且要明确城乡社会、生态协调发展对于城乡一体化同样重要。城乡一体化的发展必定是循序渐进的、阶段性的。在初期阶段，城乡一体化致力于缩小城乡差距、消除二元结构，同时关注城乡社会、生态

的协调发展。在城乡一体化后期形成阶段，人们致力于提高生产水平、生活质量，城乡社会、生态将成为城乡一体化建设的重点。

（一）城乡经济一体化

城乡一体化进程很大程度上取决于城乡经济发展水平，反过来，城乡经济发展也受到城乡一体化发展的影响，二者相辅相成。城乡经济一体化主要表现在三次产业在城乡之间的科学分布和协调发展上。在农村，努力改善农业生产经营方式，提高农业生产率，利用充足的劳动力和较为廉价的土地供给条件，选择适宜农村地区发展的第二、第三产业，优化农村产业结构，彻底改变农村经济增长方式；在城市，提升工业与服务业技术水平、管理层次，使之永远保持带动经济发展的动力。同时，增强对农村产业的支持力度，并向农村转移部分劳动密集型产业，充分利用农村资源优势，既降低了生产成本，又帮助了农村经济发展。总之，三次产业的科学分布加强了城乡经济联系，缩小了城乡经济差距，使得城乡经济充分结合、互为补充，最终形成产业结构高度匹配的城乡一体化的经济发展格局。

（二）城乡社会一体化

城乡一体化并不是要把农村变成城市，也不是要把城市变成农村，而是城市与农村相互吸收先进和健康的、舍弃守旧和不健康的东西的一个双向演进过程。简言之，城乡一体化建设的目的就是让城乡居民平等共享高度发展的物质文明和精神文明。由此，需要高度重视农村社会发展，在加快农村产业发展的同时，还要加快农村各项社会事业的发展，使得农民在教育、医疗、居住、就业、保障以及文化生活各方面尽快赶上城市的发展速度，达到城市同等发展水平。未来城乡一体化实现后，城乡居民的生活水平、生活质量没有区别，人们可按照自己的喜好选择生活在城市或者农村，城乡社会文化完全融合。

（三）城乡生态一体化

经过多年的飞速发展后，我国经济取得重大成就，但是这种成就是在资源受到极大损耗、生态环境遭到极大破坏的前提下取得的。我们在为辉煌成就自豪的同时，也需要对资源、生态环境的日渐变差作出反思。在城乡一体化建设过程中，除了城乡关系日益改善外，人地矛盾也将逐渐获得解决，最终形成城乡生态环境融合。所以，建设城乡生态环境时不能再坚持过去"先污染，后治理"的手段，而是要改为"边污染、边治理"，甚至利用现代先进技术实现对环境污染的预先控制。让城市变为适宜生活的生态山水城市，让乡村在保持和改善生态环境的同时具备高质量的生活条件，城乡保持人与自然的和谐相处。基于经济实力、科技发展水平的考虑，在城乡一体化初期发展阶段，对生态、环境的关注度和建设力度要低于经济、社会等因素，而当城乡一体化发展到后期阶段，城乡居民高度富裕，生产力水平大为提高，人们更加注意生活质量和生活环境，有关生态、环境的城乡融合将会成为人们关注的主题。

第四章 结构调整与加快转变经济发展方式

第一节 需求结构调整与加快转变经济发展方式

随着能源、资源和环境对经济社会发展的约束逐步增强，经济发展方式转变成为促进经济社会可持续增长和发展的必需内容。我国经济过去几十年的高速增长就是典型的出口导向型经济带来的，是通过旺盛的出口需求来弥补国内需求不足而带动的经济高速增长。由国民收入决定的一般理论可知，在一个开放经济中，总需求是由消费、投资和进出口共同决定的。只有消费、投资和进出口的协调发展才能维持国民收入的可持续增长，否则，就会带来国民收入的波动。

一、经济结构调整：发展方式转变的战略重点

（一）发展方式转变的战略重点

发展方式转变的战略重点在于经济结构调整。推进经济结构调整，是解决我国经济发展中不平衡、不协调、不可持续等深层次问题的根本举措。在过去相当长的时期，我国经济发展突出强调数量要求，着力解决短缺问题。随着改革开放和社会主义市场经济的发展，我国生产力水平实现了历史性跨越，已经从普遍短缺跃升到商品的极大丰富。这时，人们对商品和服务的质量、对生产和生活的质量都提出了更高要求，从强调数量到追求质量和效益，这是经济发展达到一定水平的结果；同时，又对经济发展提出了更高要求，实现速度和结构质量效益相统一、经济发展与人口资源环境相协调；促进经济增长由主要依靠投资、出口拉动向依靠消费、投资、出口协调拉动转变，由主要依靠第二产业带动向依靠第一、第二、第三产业协同带动转变，由主要依靠增加物质资源消耗向依靠科技进步、劳动者素质提高、管理创新转变；

更加重视自主创新和能力建设，也更加重视人的全面发展。

国际金融危机的冲击凸显了我国经济结构问题的严峻性，同时为调整经济结构带来了机遇。我国已进入只有加快经济结构调整才能实现科学发展、和谐发展的关键时期。在遭受国际金融危机冲击、外需急剧下滑的严峻形势下，国内市场潜力巨大是我们的优势，扩大内需是我国经济发展的基本立足点和长期战略方针，也是经济结构调整的首要任务。扩大内需，不仅有利于平衡内外需结构，而且有利于改善投资与消费、国民收入分配等方面的结构。

（二）经济结构调整的主要领域与关键环节

经济结构调整的主要领域在于国民需求和产业结构。经济结构调整的关键环节在于需求结构的优化调整和产业结构的优化升级。

21世纪以来，我国经济对外依存度一直明显高于同期的其他国家水平。众所周知，经济增长过度依赖出口，不仅风险高，而且国际市场也难以持续扩大吸纳容量，不具有可持续性。我国经济规模扩大后，势必要求改善甚至改变这种增长模式。加之国际金融危机引发外部需求急剧收缩的影响，促使改变以往过度依赖出口的增长模式。从我国的内需结构看，投资率过高的问题一直比较突出，由此造成投资拉动力度过大、消费拉动作用不足。而且，在最终消费需求不足的情况下，过度投资还极可能进一步增加过剩产能，进而打断经济持续发展的进程。

从供给的角度看，我国经济结构的主要问题集中表现为低附加值产业比重过大、自主创新能力不强、科技进步和创新对经济增长的贡献率偏低等。国际金融危机及其引发的全球性经济深度调整，使这些结构性矛盾进一步凸显。

从供给角度优化调整经济结构，必须充分认识生产要素低成本优势趋于减弱、资源环境硬约束增强、产能过剩矛盾加剧等经济发展客观条件的新变化，选准产业创新整合的突破口。在抑制和削减过剩产能特别是逐步淘汰高能耗、高污染、低科技含量、低附加值生产能力的同时，准确把握科技创新的发展方向，适应国际金融危机后国际产业竞争格局变化的新形势，着力培育新能源、新材料、电子信息、生物工程、航天航空、生产性服务业等战略性新兴产业，使之成为经济发展的主导力量，为经济增长提供新的引擎，增强我国高新技术产业的国际竞争力。

创新是发展方式转变的中心环节，提高自主创新能力特别是提高关键领域核心技术的自主创新能力，是国家发展战略的重心。

（三）加快经济结构调整的宏观环境与条件

对外贸易的快速发展对中国经济持续多年高速增长的作用已经得到公认。然而值得注意的是，缺乏原创技术支持和技术创新的出口增长，并不是以比较优势赢得竞争，而是靠资源投入赢得市场竞争，其结果是不仅廉价劳动力向着外向型部门倾斜，而且土地、资金也呈外向型导入。这种高速增长，将不仅使土地资源趋于短缺，而且缺乏技术创新，仅仅依靠高投入、高能耗的生产模式，导致能源、电力、原材料也日趋紧张，这凸显了结构失衡所造就的通胀压力。可以推断，在通胀环境中，如果结构问题不解决，收入差别将进一步加大，我国将难免出现内需不足的局面，这对于我国防范外部经济危机的冲击是非常不利的。对于一个发展中的外向型经济体而言，我国始终面临着这种外部冲击的潜在可能。与此同时，随着世界经济中外部不均衡现象越来越严重，贸易顺差国面临成本调整压力不断增大的趋势，我国经济发展所面临的外部经济压力会越来越大。特别是当我国经济进一步与国际接轨后，我国面临着金融市场开放的必然选择，如果国内经济结构失衡持续，那么无疑将增加我国经济受到国际资本冲击的风险。因此，无论是从我国经济的内部因素还是外部环境来看，我国经济结构的调整已经迫在眉睫。

二、我国经济结构的突出特征

国民经济的波动，实际上就是消费、进出口、储蓄与投资的失衡，是实体经济和虚拟经济的结构失衡，从而影响经济的长期稳定发展。

（一）"两高一低"的不平衡结构特征

从我国国内生产总值的构成来看，资本形成总额占GDP的比重一直处于较高水平且呈总体上升趋势，属于个别经济过热期。当前我国经济结构的"两高一低"（高投资、高储蓄、低消费）现象在世界上是极为少见的。投资率很高，储蓄率很高，但消费率却很低。

（二）"两高一低"经济结构的成因

中国经济当前呈现的"两高一低"的不平衡结构特征，实际是由经济发展方式决定的。粗放式经济增长、收入分配结构失衡和政府管制及金融领域发展相对滞后都影响了整个国民经济结构的形成。

（1）"投资驱动和出口拉动"的粗放型经济增长方式是导致"两高一低"的直接的、根本的原因。

我国经济发展过度依赖出口，出口的增长速度远远高于国民经济GDP的增长速度。投资、消费、出口对经济增长的贡献，存在着突出的结构性矛盾，国内消费一直没有成为我国经济发展的主要动力。投资、消费、出口的不协调发展，制约着我国经济的健康、持续、协调发展。

从发达大国发展本国经济的过程可以看出，这些国家往往比小国更少依赖外资、外贸，而是立足于国内市场和国内贸易来支撑经济的增长。这一点从发达国家对外贸易的依存度就可得到证明。

实际上，多年来我国一直奉行以所谓低成本"比较优势"为特征的外向型经济发展战略，这与我国的区别政策有关——我国对进口贸易和出口贸易政策的不平等待遇以及我国对内资政策和外资政策的不平等待遇，从而加剧了我国经济发展过度依赖出口。实际上，这样一种外向型的经济发展战略对当前我国持续的、急剧的能源资源消耗增长、对我国单位GDP能源资源消耗太高，或者说，对我国单位能源资源消耗创造的GDP太低负有不可推卸的责任。

在出口贸易中，我国出口产品的低成本"比较优势"来自我国廉价的物质资源、劳动力资源，来自能源消耗、资源消耗持续的急剧增长，隐含着巨大的生态环境成本，来自人民币币值的低估，来自对外资的"超国民待遇"。我国外贸出口的竞争力，主要来自低工资、低土地成本及对环境保护的缺位，这种粗放式的增长，消耗了大量资源、能源，增加了环境压力。

外向型的经济发展战略作为一个国家或地区在经济起飞阶段的发展战略是行之有效的，但是这样一种外向型的经济发展战略具有一定的时代性和阶段性。当前中国所实施的外向型经济发展战略正面临着越来越大的国内外阻力，将付出越来越高昂的发展成本。我国要保持经济的持续、健康、协调发展，必须解决投资、消费和出口协调发展之间的结构性矛盾，必须解决生产要素之间、协调发展之间的结构性矛盾，必须改变当前以出口为主导的外向型经济发展战略，把经济发展的增长动力由国外转移到国内，建立以内需主导为本、外需出口为辅的经济发展战略。

第四章 结构调整与加快转变经济发展方式

（2）在收入分配结构方面，国民收入分配重点向资本收益和政府倾斜

我国长期以来的低劳动力成本和高能源、高资源消耗，替代了对技术的投入和技术水平的提高。粗放型的以高能源、高资源消耗、低劳动力成本、低环境保护为主，而不是以技术进步和技术创新来换取生产效率的增长方式，是长期以来我国经济发展的重要特征。

（3）政府特别是地方政府主导地方经济建设，参与市场经济活动，导致要素价格扭曲、资源配置效率损失

在我国，由于实行金融和融资渠道的国家管制，储蓄率高的主要因素在于私人部门储蓄长期居高不下。这种状况除了因目前社会保障体系不健全，而为了应对生活中的不确定性，人们被迫储蓄外，我国储蓄率高的另一个重要原因就是金融体制改革滞后于经济形势的发展，金融机构效率极低，不能按市场机制配置有限的资金，人们在没有好的融资渠道的情况下，只能是要么增加储蓄，要么盲目投资。

三、现阶段我国需求结构的变化趋势

我国的国民经济结构正在发生变化。特别是在国家近几年的宏观政策引导和调控下，"扩大内需"政策总量与结构并重，在重视社会总需求扩张的同时，也要重视总需求结构的调整；国家在扩大内需的同时也在调整总供给，极大地促进需求结构发生积极变化。

（一）收入变化对需求的影响正在加剧

根据发展经济理论，当经济发展进入较为发达阶段时，消费需求对国民经济的推动作用将明显提升。经济结构的变化将明显加快，消费结构也呈现加速变动升级的特征。

（二）技术进步对需求的影响在逐渐加大

当前，金融危机的影响正在逐渐淡去。后国际金融危机时期，全球经济面临新的调整与变革，科技创新孕育新突破。新一轮的技术革命将引领和创造新的消费需求，对消费需求结构提升产生重要的影响。特别是移动通信和互联网技术的发展以及两者的结合，将催生出极为广阔的市场需求空间，同时深刻地改变人们的消费方式乃至生活方式。与技术进步相关联，消费的个性化、智能化特征也十分明显。

（三）消费观念变化对需求的影响正在逐渐加大

无论从国内还是国际来看，受资源约束、环境恶化和气候变化压力不断加大的影响，人们的消费观念正在发生重要变化，消费需求向节能、环保、低碳方向发展，已成为一大趋势，消费习惯和消费行为也因此发生着改变。总体来说，需求结构的这些趋势性变化，将对我国的国民经济结构调整产生重要影响。

四、扩大内需与结构调整、增长方式转变

不同的经济发展方式，将会刺激和形成不同的需求结构。

（一）扩大内需与结构调整

受国际经济特别是美国经济增长减缓的影响，我国出口增速下降。外需不振使扩大内需的重要性进一步突出。目前我国经济的内在发展也要求由外需转向内需，以内需来推动经济增长。扩大内需应做到总量与结构并重，在重视社会总需求扩张的同时，更要重视总需求结构的调整。

现阶段，我国经济依然处在城乡居民收入和消费水平存在显著差异的二元结构状态。城市居民的消费结构升级是整个国民经济快速、稳定增长的"龙头"。它首先能够带动一批新的主导产业的发展，只有扩大经济总量规模，带动农民向非农产业的转移和收入水平的提高，进而再为一大批传统产业创造市场，增加城市就业者的收入，经济增长的全局才能活起来。农民收入增长缓慢，表面上是农业和农村问题，根本上是非农产业和城市提供的就业规模不足，而就业规模不足在很大程度上是城市消费结构和产业结构升级受阻。

（二）扩大内需应在扩大总需求的同时调整总供给

需求结构的矛盾反映在供给上是国民产业结构的矛盾，扩大内需应在扩大总需求的同时调整总供给。随着我国消费结构的变化，恩格尔系数不断下降。这就意味着人们对生活必需品的需求大幅度下降，而对享受和发展型产品和服务的需求却在大幅度提高，这对产业结构的调整就意味着人们对第一产业产品的需求比重相对下降，而对第二产业产品的需求比重相对上升。根据罗斯托（Walt Whitman Rostow）对经济成长阶段的技术标准划分理论，随着经济的不断发展，人们会对第二、三产业产品（尤其是第三产业产品）有更高、更大的需求，而这些巨大的现实或潜在需求的满足就必定要求我们

对产业结构进行调整，使总供给与总需求相适应。①

调整结构主要是被动调整过剩的产能、消化过多的库存，更多的是消极地压缩存量。而改善供给则是积极应对，通过培育新的增长点、振兴新兴产业、提高产业的竞争力，以此来带动中国经济率先走出低谷。振兴产业，不是要补贴、救助那些夕阳产业，而是要积极扶持、鼓励、振兴那些新兴的朝阳产业。

（三）需求结构调整将影响经济发展方式转型

扩大内需是国家的重大战略，它不仅是短期保增长的重要举措，也是我国经济发展方式转变的主要任务，是新阶段改革发展的基本目标之一。发展经济学的理论表明，能否在后危机时代实现由生产大国向消费大国的历史性转变，直接依赖于经济发展方式的转变。我国经过四十多年的快速发展，经济开始从生存型阶段进入发展型阶段。发展型阶段的一个重要特点是，随着社会公共需求变化，公共产品出现短缺，满足社会公共需求成为改革发展的重要任务。受国际金融危机的影响，外需大幅萎缩，客观上使经济发展方式转变的压力加大。但这也为我国经济发展方式从生产主导型向消费主导型转变提供了一次重要的历史机遇。为了改变这种局面，必须扩大内需，积极扩大就业，注重居民消费在拉动经济增长中的作用。可见，需求结构调整与经济发展方式转型密切相关。

五、需求结构调整的政策与路径

当前，我国产业结构和宏观经济正在发生一些变化，如住宅、汽车等产业的主导作用逐步形成，国际生产制造基地向我国转移，以及户籍制度的改革等。这几个变化趋向对于我国的结构调整和经济社会发展全局的影响日趋重要。转变经济发展方式要求主要驱动要素的转变，结构调整也必须从根本因素入手。

（一）以推进城市化和农民市民化为结构调整的主线

扩大内需、农民增收、经济持续增长、保持社会稳定等，说到底都取决于城乡结构矛盾的化解程度，而城乡矛盾是现阶段我国的主要矛盾。为此，一方面，要通过消费结构和产业结构的调整、升级，为农村人口向非农产业

---
① 高曦，杨可扬. 罗斯托经济增长阶段论概述 [J]. 法制与经济，2022，（第1期）：117-120.

和城市的转移创造更多机会；另一方面，要使那些一只脚已经踏进城市的农民能够稳定下来，并得到必要的制度保障。这种状态增加了农民向城市转移的不确定性，也给城市稳定带来了负面影响。因此，通过户籍制度改革及其他政策调整，使有合法住所、稳定职业和收入来源的外来人口在城市就业和生活中得到制度保障，不仅可以加快城市化进程及其可持续性，而且可以大大改善农村人口进城的预期，从而产生不可忽视的市场需求。比如，要求有合法住所，可以拉动住宅产业及相关的城市基础设施建设；取消由于农业和非农业户口划分而形成的身份歧视，可拓宽农村人口在非农产业的就业渠道，增加就业的稳定性，提高其收入和消费水平。

（二）以国际生产制造业基地向我国转移为契机推动产业结构的调整与升级

近年来，加工制造能力向我国转移较多的包括家电、计算机等行业，与我国原有的一些具有优势的加工行业相比，技术含量和附加价值有较大提高。在可预见的将来，汽车等行业加工制造能力向我国转移的速度也会加快。国内外出现了我国正在成为"世界性制造业中心"的议论。这种现象的出现有以下两方面的原因，首先是与发达国家相比，我国在部分生产要素上具有成本的竞争优势。其次是我国已经具备了较好的制造业基础，生产技术和管理水平的提高使我国与发达国家之间的产品差距逐步缩小，这是吸引国际加工制造能力向我国转移的重要条件。从我国产业发展的趋势看，在经历了轻纺工业、重化工业为重点的发展阶段后，目前正在进入以较高技术含量和附加价值的加工组装制造业为重点的发展阶段。这个阶段的到来，与国际加工制造能力向我国转移的"吻合"绝非偶然。在这一背景下，一方面要发展新兴制造业，另一方面要改造和提升原有的制造业，特别是装备制造业，以推动我国产业结构上一个大的台阶。

（三）发挥消费拉动经济的作用，增加公共服务供给，提高居民消费水平

居民消费率低的一个主要原因是公共服务缺失限制了居民消费。城乡基本公共服务的短缺，挤兑了居民的日常消费，降低了居民的消费预期。扩大内需，调整经济结构，必须努力发挥消费拉动经济发展的作用，增加公共服务供给，提高居民消费水平。

有效调整需求结构是加快转变经济发展方式的重要组成部分与必然前提。从主要依靠投资和出口拉动转向主要依靠消费拉动，从主要依靠第二产业带动向主要依靠第一、二、三产业协同带动转变，不断促进产业结构升级，这是加快转变经济发展方式过程中必须解决的重大战略问题。为此，以推进城市化和农民市民化作为结构调整主线，牢牢把握国际上生产制造业基地转移的契机，有效完善社会保障体系扩大消费的需求，是调整需求结构加快转变经济发展方式的重要着力点所在。

第二节 调整优化产业结构与加快转变经济发展方式

产业结构是指各产业在其经济活动中形成的质的联系以及由此表现出来的量的比例关系。产业结构是经济结构最基本的内容，是衡量经济发展水平和体现国民经济整体素质的重要标志。产业结构的优劣，决定社会需求能否得到充分满足、自然资源能否得到合理利用、生态环境能否得到有效保护、人民生活能否得到不断改善、国家竞争力能否得到日益增强、社会经济能否得到全面协调可持续发展。加快经济转变发展方式，必须调整优化产业结构。

加快调整优化产业结构刻不容缓。调整优化产业结构是转变经济发展方式的关键环节。目前，我国建立了市场经济体制框架，成功地实现了经济起飞与经济总量的快速扩张，但经济发展方式转型尚未突破。当前，我国处在经济发展方式转型的十字路口。首先，后危机时代外部需求中长期萎缩，况且14亿人口的大国经济不能长期建立在外需基础上，我国不得不尽快终结出口导向模式。其次，自21世纪以来，投资主导模式不断造成产能过剩和产业结构扭曲。但由于前几年出口形势较好，产能过剩的危机被掩盖了。经过国际金融危机后，我国再希望通过外部市场缓解产能过剩已不现实，不得不尽快终结投资主导模式。最后，继续坚持以GDP为中心的增长主义，会积累甚至激化资源环境恶化、公共品短缺、收入差距扩大、公共治理缺失等一系列矛盾，为实现经济、社会、生态全面协调可持续发展，我国不得不尽快终结增长主义。以上三种情形使转型不可避免，迫在眉睫。受此影响，外需、投资和国内人民生活需求升级等影响我国产业结构演进的需求因素正在面临巨大冲击，资源环境、技术进步、资金转向、人才培育等影响我国产业结构的供给因素正在发生巨大变化，与此相应的制度、政策等影响我国产业结构的市场外部因素正在发生新的转型。这便决定了与加快经济发展方式要求相适应，我国应加快产业结构的调整优化。

调整优化产业结构重在"加快"上下功夫、见实效。为此，必须进一步认识调整优化产业结构与转变经济发展方式的关系，增强紧迫性；必须进一步分析我国产业结构演变的过程、问题和原因，增强针对性；必须进一步确立调整产业结构的战略重点与制度创新，增强协同性、创新性和内生性。

一、调整优化产业结构与转变经济发展方式的关系

调整优化产业结构与转变经济发展方式互为条件、互为因果。经济持续发展，主要取决于资源（人力、资金、技术等）的动员及其有效配置，而产业结构的调整状况在很大程度上决定了经济发展方式转变的程度，决定了资源配置、经济发展的效果。经济发展方式是实现经济发展的方法、手段和模式，其中不仅包含经济增长方式，而且包括结构（产业结构、城乡结构等）、运行质量、环境保护、城市化程度及现代化进程等诸多方面的内容。转变经济发展方式，不仅要突出经济领域中数量的变化，还要强调和追求经济运行中质量的提升和结构的优化。

（一）调整优化产业结构对转变经济发展方式的促进作用

调整优化产业结构是转变经济发展方式的强大动力。随着社会分工日益细化，产业部门增多，部门之间的资本流动、劳动力流动和商品流动等联系也越来越复杂，部门与部门之间的依赖度增强，产业的结构效应上升到非常重要的地位，成为现代经济发展的基本支撑点。在发展方式转变处于十字路口的关键时刻，调整优化产业结构，关系主导产业的更替、二元结构的消除和国际分工的合理化等。调整优化产业结构是转变经济发展方式不可缺少的条件，是取得最佳经济、社会和生态效益的前提和基础，也是进入新发展阶段的客观要求。

1. 主导产业更替及扩散，产业结构的优化，推进经济发展方式的转变

主导产业的更替及其扩散是产业结构调整优化进而促进经济发展方式转变的主要内容。主导产业的更替是经济成长的主导力量。经济发展史表明，无论在哪个时期，甚至在一个已经成熟并继续成长的经济体系中，经济成长之所以能够保持，是为数不多的主导部门迅速发展壮大的结果，而且主导产

业的发展对其他产业部门也具有带动作用，这被称为主导产业的扩散效应，包括后向效应、旁侧效应和前向效应。后向效应是指新部门处于高速增长时期，会对原材料和机器产生新的投入需求，从而带动一批工业部门的迅速发展；旁侧效应是指主导产业部门会引起周围一系列的变化，这些变化趋向于更广泛地推进工业化；前向效应是指主导部门通过增加有效供给促进经济发展，如降低其他工业部门的中间投入成本，为其他部门提供新产品和新服务。

根据科学技术和生产力发展水平，从经济发展史角度可把人类社会的发展划分为传统社会阶段、为起飞创造前提阶段、起飞阶段、向成熟推进阶段、高额大众消费阶段和追求生活质量阶段，形成了经济成长的六阶段理论。在这六个发展阶段中，每个阶段都存在着起主导作用的产业部门。经济阶段的演进，就是以主导产业的交替变更为标志的。

（1）传统社会阶段，包括牛顿之前的整个发展时期。当时社会的科学技术水平和生产力水平低下，主导部门为农业部门。

（2）为起飞创造前提阶段。近代科学技术开始在工农业中发挥作用，占总人口75%以上的劳动力逐步从农业转移到工业、交通、商业和服务业。投资率的提高明显超过人口增长的水平。

（3）起飞阶段，大体相当于产业革命时期。资本积累率（投资率）在国民收入中所占的比率由5%增加到10%以上，有一个或几个经济主导部门带动国民经济的增长。

（4）向成熟推进阶段。现代科学技术已经有效地应用于生产，投资占国民收入的比率达到10%～20%。由于技术的不断改进和新兴产业的迅速发展，产业结构也发生了巨大的变化。

（5）高额大众消费阶段。工业已经高度发达，主导产业部门已经转移到耐用消费品和服务业部门。

（6）追求生活质量阶段。主导部门已经不再是耐用消费品工业，而是提高生活质量的部门，包括文教、保健、医疗、社会福利、娱乐、旅游等产业。经济发展就是通过主导产业交替变更、调整优化产业结构来实现的。

2.二元结构的消除，产业结构的调整优化，推进经济发展方式的转变

发展中国家一般存在着由传统农业部门和现代工业部门所构成的二元经济结构。在一定条件下，传统农业部门的边际生产率为零或者接近于零，

劳动者在最低工资水平上提供劳动，而城市工业部门边际劳动生产率要高于农业剩余劳动力的工资，因而工业生产可以从农业中得到劳动力的无限供给。由于两部门劳动生产率差异所形成的工资差异，会诱使农业剩余人口向城市工业部门转移。随着城市工业的发展壮大，资本家不断将利润进行再投资，现代工业部门的资本量得到扩充，从农业部门吸收的剩余劳动越来越多。随着农业剩余劳动力不断向城市工业转移，农业劳动力的边际生产率不断提高，工业劳动力的边际生产率不断降低，这种效应直到工业劳动力与农业劳动力的边际生产率相等才停止。这时农村和城市工业的二元经济结构转为一元经济结构。

随着二元结构的逐步消除，城市化会加快发展。城市化水平的提高对于服务业的发展和产业结构的升级有促进作用，即通过劳动要素的集聚引起服务业发展所依赖的市场容量的扩大来增加对服务业的需求，同时通过集聚效应及积聚引起的外部经济效应来提升服务业发展的质量，从而完成对服务业产业结构的升级改造。其作用机制是：首先以集聚为特征的城市，提供一定范围内相对密集的人口、相对集中的企业群和收入相对较高的有购买力的人群，形成集聚效应和规模效应；其次为服务业发展提供基础，诱导服务业发展；最后服务业为城市提供更多就业岗位，引起就业产业分布的变动，调整优化产业结构，促进经济发展。

3. 参与国际分工，调整优化产业结构，推进了经济发展方式的转变

在开放的经济条件下，后进国家利用其比较优势与资源禀赋参与国际分工，其产业发展大多会经历"进口→国内生产→出口"的过程，如果把这一过程用曲线描绘成图形，则呈倒"V"形，就像三只大雁展翅翱翔，称为雁行理论。雁行理论起初主要是用来描述国际间的产业分工现象。随着研究的深入，赤松要进一步发现，随着一个国家内部的产业结构变动，主导产业的具体转换也呈现这样的规律性，所以雁行理论又被用来描述一国国内的产业结构变动规律。

赤松要提出了发展四阶段模型，来描述一国由出口原材料最终发展到出口资本品的经济发展过程。该模型概括了一国产业发展从进口→国内生产（进口替代）→出口→重新进口的四个阶段，它揭示了不同产业在同一个国家从兴起到衰落的过程，即描述了一国产业结构的升级。

（二）转变经济发展方式对调整优化产业结构的内在要求

转变经济发展方式要求产业结构的调整优化必须符合产业结构的演进规律。在不同的经济发展阶段，由于市场需求和要素供给的变动引起生产要素从低收益部门向高收益部门流动，因此各部门产出会发生变化，进而导致产业结构的演进。产业结构的演进规律，既有三次产业间结构的演进规律，又有三次产业内部结构的演进规律。三次产业间及其内部在经济发展中需要保持合理的比例关系，否则将造成某一产业或其内部某一行业的供给过剩或者需求不足，从而影响产业协同带动经济发展的作用，进而阻碍经济发展方式的转变。

1.转变经济发展方式应符合三次产业间结构的演进规律

（1）国际经验：经济发展历史所呈现的三次产业的演进规律

从经济发展的历史阶段来考察，发达国家和新兴工业化国家或地区所经历的产业发展大致可以分为五个阶段：前工业化时期、工业化初期、工业化中期、工业化后期和后工业化时期。那么，三次产业在不同阶段的演变规律如下：

①在前工业化时期，第一产业产值和就业比重在国民经济中占主导地位；第二产业有一定的发展；第三产业和就业比重微乎其微。

②在工业化初期，第一产业产值和就业人数在国民经济和社会就业总人数中的比重逐渐缩小；第二产业开始有了较大发展，第二产业产值和就业比重在国民经济和社会总就业人数中占主导地位，其中工业重心从轻工业主导型逐步转向基础工业主导型；第三产业也得到一定发展，但在国民经济中的比重仍然比较小。

③在工业化中期，第一产业产值和就业比重继续下降；第二产业产值和就业人数在国民经济和社会就业总人数中的比重仍然最大，工业重心由基础工业逐步向高加工度工业转变；第三产业产值和就业比重逐步上升。

④在工业化后期，第一产业的比重继续下降；第二产业的比重开始下降；第三产业继续快速发展，其中信息工业增长加快，第三产业比重在国民经济中占有支配地位。

⑤在后工业化时期，第一产业比重下降缓慢或者基本稳定；第二产业比重继续下降；第三产业比重占据绝对支配性地位，产业知识化成为这段时

期产业结构的主要特征。一个国家或地区产业结构的发展，就是这样从前工业化时期的低级阶段逐步向后工业化时期的高级阶段不断演变与升级的。

（2）中国抉择：我国三次产业结构演进规律的判断

我国作为发展中大国，存在巨大的国内市场和区域间发展不平衡状况，而且目前正在走新型工业化道路，将不可能完全按照工业发达国家的产业发展道路推进工业化，不一定会完全按照某一标准模式来套算是否出现偏差。但以一个总的发展趋势作为判断标准还是可以成立的：根据三次产业演变规律，工业化初期是"三、二、一"的产业比例构成，工业化经过"二、三、一"的演进阶段，最终形成"三、二、一"的结构。

具体到从产业发展对经济增长的贡献来看，进入工业化中期，第二、第三产业将成为经济增长的主要力量，而随着工业化的推进，进入工业化后期，第三产业将成为经济增长的主要力量。

值得注意的是，如果放在国际背景下来看，一个国家或地区的产业（结构）系统，如果子系统由于支撑能力（供给）过弱或其他原因，不足以对其他子系统提供支撑（供给）时，往往会由本国或本地区的产业结构系统外的相关产业来提供，如我国进口农产品原料来为我国农产品加工业提供支撑，我国外资企业大量由国际服务业提供支撑等。

2.三次产业内部演进规律

（1）第一产业内部演进规律

第一产业发展与演变的总体趋势是：从技术短缺的粗放型农业向有技术要求的集约型农业，再向生物、环境、生化、生态等技术含量较高的绿色农业、生态农业发展。在第一产业内部，随着经济的发展，将逐步从种植型农业为主向畜牧型农业为主转变，逐步从野外型农业向工厂型农业转变。第一产业演变的一般规律可以概括为三个方面：由传统农业向现代农业转变；产业内部各部门协调发展；农业由分散化经营向产业化方向发展。

（2）第二产业内部演进规律

第二产业是指广义的工业，除了狭义的工业（即制造业）以外，它还包括矿业和建筑业。工业是国民经济的主要部门，世界上发达国家的经济腾飞都是从工业化开始的。所以经济发展的过程实际上就是工业化的过程。一般而言，工业发展与演变的总体趋势是：从主导产业的变动来看，工业发展历程一般沿着"轻纺工业→基础型重化工业→加工型重化工业"方向演进。从要素投入变动情况来看，工业内部结构沿着"劳动密集型产业→资本密集型产业→知识（包括技术）密集型产业"方向演进。从市场开放角度来看，产业结构朝着"封闭型→进口替代型→出口导向型→市场全球化"方向演进。具体考察西方发达国家工业结构的演变历程可概括为五个阶段：轻工业化阶段、重工业化阶段、高加工度化阶段、技术集约化阶段和工业信息化阶段。

（3）第三产业内部演进规律

第三产业内部结构演进的总体趋势是沿着"传统型服务业→多元化服务业→现代性服务业→信息产业→知识型产业"方向演进的。第三产业内部结构演进的一般规律可以概括为三个阶段：第一阶段，随着国民收入的增长，第三产业规模日趋扩大，其产值占国民经济总产值的比重也日益增加，而且第三产业具有强劲的吸纳劳动力的能力，使第三产业就业人数占全社会劳动力的比重也不断增加。第二阶段，随着社会分工向高度专业化及一体化方向发展，各种服务性劳动也从生产过程中分离出来，成为独立的部门，形成了种类繁多、层次复杂的社会服务部门，亦即多元化服务业。各种服务行业的独立化、标准化、自动化趋势使第三产业以现代化的面貌出现，即出现了现代服务业。第三阶段，社会服务需求的不断积累，促使新技术的发明及应用又引起满足需求的手段、方式不断变化，导致整个社会系统中商品流、资金流和信息流的高速运行，为了快速、准确、畅通无阻地保持系统的良好运行，在流量不断增大、流程不断增加与流速不断加快的情况下，新兴第三产业由此产生，从而出现了具有规模的现代化信息、咨询和科技产业。第三产业就逐步进入信息产业，从而进入知识产业的发展阶段。

（三）与转变经济发展方式要求相适应，产业结构优化的判断标准

调整优化产业结构，包括调整和优化两个方面。调整是手段，优化是目的。产业结构优化的两个基本点为产业结构合理化和产业结构高度化。产业结构合理化主要依据产业关联技术与经济的客观比例关系来调整产业结构，促进国民经济各产业间的协调发展。产业结构高度化主要遵循产业结构演化规律，通过创新，促进产业结构由低度水准向高度水准发展。依据现有产业结构理论的研究成果，结合我国转变经济发展方式要求的具体实际，对于产业结构的优化程度可以从产业间及其内部比例的协调性、产业结构运行

的效率性及国内外产业结构变动趋势的一致性三个方面进行判断。

1. 产业间及其内部比例的协调性

国民经济是一个复杂的系统，各产业、各部门之间存在千丝万缕的联系，但由于不同产业技术升级的速度不同，各产业的发展会出现非均衡性。当存在瓶颈产业时，国民经济的发展能力将受制于它们。在理想的产业结构状态下，每个产业所需要的投入都能得到充分满足，即不存在瓶颈产业；而每个产业的产出又恰好能满足其他产业投入和最终消费需求，即不存在过剩产业，产业间保持合适的比例关系。如果一个产业系统内长期同时存在瓶颈产业和过剩产业，那么产业间的有机联系就会被割裂，产业间的均衡关系就会遭到破坏，从而影响国民经济的正常运行。可见，产业间及其内部比例关系是否协调，是产业结构优化与否的重要判断标准。

2. 产业结构运行的效率性

各种生产资源是有限的，如果资源配置不当，就会出现一些部门资源闲置而另一些部门资源不足，从而影响产业的运行效率。一个优化的产业结构，要能充分有效地利用好各种资源，使其在各个部门之间得到合理的分配和使用，并且具有较高的生产效率。在产业结构的演进过程中，如果出现"高投入、高消耗和高污染"的粗放型经济增长，那么产业结构的运行必然是低效甚至无效的。如果这种低效状态不能扭转，那么产业就不可能有效地配置资源，最终会出现产业结构失衡的现象。

3. 国内外产业结构变动趋势的一致性

尽管每个国家的产业结构变动都具有自身的规律性，但总体上各国产业结构的演进仍然具有一定的共同特征。由于这种共同特征反映了产业结构演进过程的某种规律性，因而可以将国际产业结构演进的一般趋势作为判断产业结构是否失衡的一个参照系。值得注意的是，由于在政治、经济、社会及文化等方面存在着差异性，各国的产业结构都有自己独特的发展轨迹，因而很难用一种通用的标准产业结构来判断不同时期各国的产业结构是否优化。在这种情况下，国际产业结构变化趋势只能在一定程度上作为产业结构优化程度判断的参考依据。

二、产业结构演变中问题产生的原因

我国产业结构演变是在我国计划经济体制向社会主义市场经济体制转

轨的过程中实现的。产业结构演进中产生的一系列问题从根本上看是由于我国社会经济体制改革的不彻底造成的。在产业结构形成与发展中，应该妥善处理企业与政府、市场机制与政府调控的关系。但是，由于体制不完善，与传统发展方式相配套的体制和政策依然在影响我国产业结构的形成与发展。这主要表现在四个方面：第一，把数量扩张作为主要目标的旧思想和老做法没有彻底改变；第二，各级政府继续保持着过多的资源配置权力和对企业微观经济决策的干预权力；第三，财政体制的缺陷使各级政府官员有动力和能力过度投资营建形象工程和政绩工程；第四，要素价格的严重扭曲鼓励高资源投入、低经济效益项目的扩张。正是由于强政府、弱市场，我国产业发展便存在投资结构不合理、生产要素配置效率偏低、技术升级滞后、国际分工处于不利地位等诸多问题，使我国产业结构缺乏协调性，产业结构优化缺乏创新性、内生性。

（一）投资结构不合理

产业结构与投资结构存在着密切的内在联系。现有的产业结构是过去投资结构的现实结果，而未来的产业结构又是由现在的投资结构所决定的。投资可以形成新的生产能力，其在各个产业部门的分配是改变产业结构的直接原因，也是导致产业结构失衡的重要原因之一。我国的投资一直保持了高速增长态势，但结构不合理现象较为突出，主要表现在：第二产业特别是制造业投资规模较大，而第一产业和第三产业投资相对不足；城市固定资产投资增长较快，而农村固定资产投资增长相对较慢；房地产投资较多，而医疗卫生、文化教育等公共事业投资相对较少。从中国的实际情况来看，宏观调控曾一度出现了调控乏力、对总量平衡缺少指导、对重复建设和恶性竞争控制不够及对环境污染缺少约束等情况，产业政策的制定也缺乏一定的前瞻性，造成了产业发展的盲目和无序，加剧了投资结构的不合理，其直接后果是钢铁、水泥等重化工工业增长过快，能源消耗和环境污染的压力不断增加。从博弈论的观点来看，这种投资结构的不合理源于地方政府和中央政府及其他主体之间的博弈行为。地方政府为了满足经济发展的需要及地方政府官员为了满足追求政绩的需要，在投资方向的安排上与中央政府对其政绩考核指标的要求相一致，这就使地方政府的投资方向偏重于重工业投资、基本建设投资，以及大、中型项目投资三个方面。正是由于这种地方政府与中央政府之间的博弈行为的存在，使得产业政策的执行比较乏力，投资结构长期处于一种不合理的状态。投资结构不合理，往往意味着高投入、高能耗、高污染，以及重复建设和恶性竞争，在产业结构升级及增长方式转变缓慢的情况下，其结果是产业结构出现失衡的现象。

（二）生产要素配置效率偏低

随着工业化、城市化进程的加快，我国政府过多地干预土地、资本、劳动力、金融等生产要素市场，使生产要素配置结构失衡，这也是导致产业结构失衡的重要原因之一。当前，我国经济发展对土地等自然资源的依赖性加强，但由于盲目重复建设、无序开发和粗放利用，土地浪费现象较为严重，导致人与地之间的矛盾比较突出。在土地供应紧张的刺激下，部分城市房地产价格虚高，使房地产行业成为供需失衡比较严重的产业之一。从能源要素来看，由于技术水平低、产品能耗高，能源综合利用率较国外先进水平仍有较大差距，能源系数不仅远高于发达国家，也高于发展中国家的一般水平，其结果是工业生产中的污染物排放量逐年增加，环境污染问题日益严重。从劳动力要素来看，劳动力结构性矛盾比较突出，一方面高技能人才供不应求，另一方面是低技能和无技能劳动力严重过剩，最终导致中国的劳动生产率水平较低。可见，从生产要素的使用情况来看，这一问题不仅导致了产业结构出现失衡，也影响了经济社会的可持续发展。

（三）技术升级滞后

我国"高投入、高消耗"的产业运行特征与技术升级具有直接的联系。20世纪80年代以来，产业结构的升级是由大规模的投资特别是引进外资来推动的，而企业拥有自主知识产权的技术并不多。弱企业致使企业自主拥有的核心技术的缺失，导致制造业的重化工业现象严重、产业升级内在动力不足。从国际分工中可以看到，我国作为世界制造业的重要基地，实际上所承接的工业生产链条是低附加值的环节，即处于"微笑曲线"的中间部分，而处于价值链两端的部分（研究开发、材料采购、产品设计、品牌营销、物流管理、金融服务等）比例较低。我国多数行业的核心技术和关键设备基本上依赖国外进口，缺乏具有自主知识产权的核心技术和装备。加上企业研发投入经费较少，研发的能力不高，结果导致产业技术升级缓慢，一些行业相应地出现了高投入、高消耗的发展特征，最终造成产业投入结构的失衡。长期以来，我国的技术升级在很大程度上是通过利用外资来实现的。不可否认，利用外资进行技术升级，有利于尽快缩小与发达国家的技术差距。但随着引进技术的逐步消化、产业规模的不断发展、产品生产的日益标准化，原有的技术就会停滞在一定水平上，倘若企业不能提高吸收能力，进行二次开发，形成自主技术，则会永远落后于发达国家的技术创新水平。从长远角度来看，采用技术吸收战略，增强自主创新能力，使产业真正具有技术进步的动力和能力，才能摆脱技术进步依靠引进来的被动局面。

（四）国际分工处于不利地位

产业结构的失衡，不仅受到各种国内因素的影响，还与国际分工有关。国际分工格局形成了两类贸易：一种是发达国家与发展中国家的垂直贸易（或产业间贸易），另一种是发达国家与发达国家之间的水平贸易（或产业内贸易）。发达国家与发展中国家之间的贸易价格存在"剪刀差"，贸易的比较利益更多地被发达国家占有。20世纪90年代以来，经济全球化进程加快，生产要素跨国流动趋势进一步加强。生产要素的国际流动改变了世界的生产格局。在这种经济全球化浪潮的推动下，以美国为代表的发达国家加快了产业结构调整，将传统制造业及高新技术产业的生产制造环节等大规模转向那些具有劳动力低成本优势、市场相对广阔和产业配套能力较强的新兴市场地区。在这种不合理的分工体系中，中国利用劳动力比较优势，积极参与国际分工，但由于缺乏高新技术产业、现代服务业和金融市场方面的优势，加之生产要素价格的扭曲导致投资决策的扭曲，刺激了资源过度流向制造业，造成制造业产能过剩和贸易顺差的不断扩大，使产业结构失衡不断加剧。

三、调整优化产业结构的战略重点与内生性制度创新

调整优化产业结构的任务迫在眉睫，需要在"加快"上下功夫、见实效。因此，为适应转变经济发展方式的内在要求，要针对产业结构存在的主要问题，确立调整优化产业结构的战略重点，发展现代产业体系，促进经济增长由主要依靠第二产业带动向依靠第一、第二、第三产业协同带动转变，大力培育战略性新兴产业。为确保战略重点的有效实施，要针对产业结构问题产生的根本原因着力进行制度创新，不断将产业结构的形成因素内生化，从根本上确保产业结构优化目标的实现，转变经济发展方式，推动经济进入创新驱动、内生增长的发展轨道。

（一）确立产业结构调整的战略重点

1. 建立与转变经济发展方式要求相适应的现代产业体系

不同的经济发展方式需要不同的产业体系与之相适应。产业体系是一国国民经济中的产业因各种相互关系而构成的整体。产业体系决定了产业结构的优化。转变经济发展方式要求传统产业体系转变为现代产业体系。

现代产业体系是相对于传统产业体系而言的，目的是实现产业结构的优化升级，核心是一个先进制造业、现代服务业和现代农业互相融合、协调发展的系统，它是我国转变经济发展方式、实现科学发展、构建资源节约环境友好型社会的产业载体。现代产业体系具有创新性、开放性、融合性、集聚性、可持续性、市场适应性等特征。在现代产业体系中，产业在横向联系上具有均衡性和协调性，在纵向发展上形成完整的产业链，产业具备良好的制度素质、技术素质和劳动力素质，产业结构与消费结构之间形成良性互动，产业发展与资源、环境相协调，与国际产业发展相衔接，产业优势集聚，竞争力强。

我国建立现代产业体系应主要做好以下几项工作：

（1）改变中国参与国际分工格局的方式，由垂直分工转变为水平分工

在当前国际分工格局下，贸易利益分配更多倾向于发达国家，低水平要素禀赋国家获得的贸易利益较少。在水平分工条件下，国际贸易可以实现更多品种的产品生产，降低生产成本，提高社会福利。这就需要我国由根据外生比较优势的产业间分工转变为以规模经济主导的产业内分工，由垂直分工的格局转变为水平分工主导。

（2）培育新比较优势，实现国际分工由比较优势到竞争优势的提升

建立中国现代产业体系的过程，就是由发展中国家依托外生比较优势（低级的资源禀赋）确定产业国际分工格局、促进经济增长，到逐步培养内生比较优势（干中学、知识的积累），最终形成竞争优势（规模经济、绝对成本优势、高级资源禀赋）的过程。通过知识的积累实现禀赋的升级，形成新比较优势，是改变国际分工格局、建立现代产业体系的关键。

（3）获取主导产业价值链的治理权

在价值链全球布局的情况下，国际分工由产品分工转变为零部件分工或工序分工。我国需要在培育新比较优势的基础上，实现由低附加值环节向

高附加值环节的升级，争取主导产业的价值链治理权。

2. 推进产业之间融合与互动，提高产业发展的协调性

（1）加快促进农业生产向现代农业的转变，支持农产品加工业大发展

由农产品需求弹性较低但比较稳定所决定，未来农产品需求将呈稳步增长态势，而农产品供需的结构矛盾和品质要求将更为突出。因此，保护农业生产能力，稳定重要农产品供给，推进农业结构调整，提高对农产品加工和对农业的服务能力，仍将是我国农业发展的主线。重点是大力支持农产品高品质化、生产分工专业化、生产方式科技化、产加销一体化和产业功能多元化，建立农业产业化、信息化、规模化、良种化、功能化和可持续化的优质、高效、生态、安全型生产体系。

推动农业生产向现代农业转变，关键要做到一是大力推进农业结构调整。在保护和提高粮食综合生产能力的前提下，继续按照优质、高产、高效、生态、安全的原则，走精细化、集约化、产业化的道路；二是积极发展农业产业化经营，增强龙头企业的带动能力，不断完善企业和农户"风险共担、利益共享"的机制；三是进一步完善农产品的检验检测、安全检测及质量认证体系，推行农产品原产地标记制度，扩大无公害食品、绿色食品、有机食品等优质农产品的生产和供应，提高农产品质量安全水平；四是加强农业科技创新能力建设，支持农业科技创新，加快农业科技成果转化，完善基层农业技术推广和服务体系；五是健全农产品市场体系和农业支持保护体系，为农业发展提供多样化的支撑条件。积极发展农业保险，建立健全重要农产品的期货市场，完善农产品价格形成机制和传导机制；加强农村信息基础设施建设，提高信息服务质量和水平；完善农村流通体系，推进农产品批发市场建设和改造，促进农产品质量等级化、包装规格化；完善鲜活农产品"绿色通道"网络；发展农资连锁经营，规范农资市场秩序。

农产品加工业是第一产业向第二产业延伸的产业。大力发展农产品加工业，可以更好地实现第一、第二产业之间的互动，要依据特色资源，使农产品生产向优势区域集中，建设县域优势农作物产业带，根据优势的产业配套加工企业，形成区域性农产品生产和加工区；采取"企业＋基地＋协会＋农户"等合作方式，走小农户、大基地，小产品、大产业的路子，加强基地与农户、企业之间的联合，发挥加工企业在引进、示范和推广新产品、新技

术等方面的作用；把农产品加工和农业结构调整相结合，以销售定加工，以加工定生产，引导农民为加工而种、为加工而养；鼓励采用节能、环保、降耗的现代技术装备，大力发展粮、棉、油等重要农产品精深加工，积极发展"菜篮子"产品加工，巩固发展糖、菜、丝、麻、皮革等传统加工，着力推进非粮作物制造生物质能源，以及利用农业资源制取生物医药等高新技术农产品加工业的发展。

（2）在多层次发展中，有重点、有差别地推进工业结构优化升级

我国大量农业剩余劳动力的转移和城市化仍将是推动我国经济增长的重要动力，并且，城市化和消费升级双动力带动，重化工业还将有一定发展空间。但是，人均资源相对贫乏、对国际市场依赖程度高和大国的国情，又决定了简单重复发达国家走过的大量消耗资源的道路难以为继。前几年石油、铁矿石等价格的大幅度提高，就给我们敲响了警钟。西方发达国家大多是经历了比较长时期的工业化过程，而我国要在比较短的时期内完成这一过程，就有可能使原材料工业在较短时期内经历由兴盛到衰退的过程，在经历高峰时期以后，产能过剩矛盾将十分突出，工业结构将面临大的调整。因此，应在多层次发展中未雨绸缪，根据不同类型的行业特点，有重点、有差别地推进结构优化升级。

一是促进劳动密集型工业加快向产业链高端发展，提高研发、设计和文化含量，提升分工层次。劳动密集型工业仍然是我国参与国际分工、吸纳就业的重点领域，关键是要提升分工地位和改善贸易条件，重点强化设计和新产品的研发，立足于满足个性化和多样化的市场需求，培育自主品牌，支持营销网络建设，由单纯加工制造向设计、研发、品牌、服务等高端价值链延伸。

二是强化和提升原材料工业，促进传统工业的新型化。我国仍然处于工业化和城市化加速推进的时期，能源、原材料工业在我国经济中占有相当大的比重，并且在未来的一段时期还将保持较快速度的增长，关键是要通过技术创新，加快工艺流程再造，尤其是要根据制造业对原材料工业的更高要求进行产品结构调整和升级，同时，加快兼并重组和布局调整，推进规模化、清洁化生产，实现能源、原材料工业的新型化。促进企业技术工艺创新和设备更新改造，提高新产品开发能力、加工深度和资源转化能力，促进发展循

环经济。通过严格的环境标准和技术标准，加快淘汰钢铁、有色金属、建材、石化、化学工业等原材料型重化工业落后产能。

三是重点支持具有技术密集和知识密集、高附加值、高加工度特征的装备制造等机电产业和新兴行业的发展。机械、电子、精细化工等高加工度工业，一方面具有较高的需求收入弹性，另一方面技术进步也较快，通过它们的产业关联和技术扩散，能够带动其他部门的发展，还能够促进整体经济生产率的提高和技术进步，它们往往是构成国家竞争力和综合实力的重要部门。必须立足国家整体和长远利益，予以优先发展。

（3）以产业链关键环节为重点，加快生产性服务业等现代服务业发展

服务业发展主要来自两个方面的动力：一是消费拉动的服务需求，二是分工深化和信息化带动的服务需求。前者主要表现在随着社会的进步，居民收入水平和生活水平的提高，休闲时间的增加、个人平均寿命的增加等，消费者的需求结构和需求偏好将发生较大的变化，人们对生活方式和生活质量有了更多和更高的追求，因而产生了更多的个性化、便捷化等方面的服务需求。对于后者，由于分工深化、生产力水平尤其是信息技术的发展，企业的生产将变得更加灵活和富有弹性，商品的种类将趋于多元化，商品的效应将趋于个性化、人性化，商品生产对加工制造环节之外的相关活动或服务业（如市场调研、研发、设计、产业化及测试、供应链管理、物流配送、营销、品牌、售后服务和产品生命周期结束后的回收预处理等）的要求也越来越高，由此决定了制造业与服务业的融合程度也越来越深。如前所述，研发、设计、营销、供应链管理等成了我国产业结构升级的制约。从产业链的角度来看，表现为产业链的不同环节；而从产业分类来看，则表现为生产性服务业。也就是说，关键环节的滞后，在很大程度上表现为生产性服务业的滞后。国际经验表明，发达国家服务业所占比重的上升主要是由生产性服务业比重上升所致。生产性服务业通过三个方面对经济发展模式产生重要影响：一是在人力资本和知识资本积累的基础上，通过研发、设计、咨询、培训、信息服务等方面的发展，提高专业化社会分工的效率；二是通过相关制度安排和信息技术的应用降低交易成本，比如金融保险、批发、物流、交通、通信、会计、律师等；三是各种信息、技术、物质资源和劳动力的联系更加紧密，从而实现制造业与服务业的融合。因此，应从战略的高度重视和促进服务业尤其是

生产性服务业的发展。未来一段时期，需要重点发展以下大领域：一是以商务服务、研发、设计、软件、金融、信息服务、物流配送、企业工程服务为主导的生产性服务业；二是满足消费升级的房地产、商贸、旅游和社区服务业；三是满足人们文化、体育、教育、医疗卫生等需求的公共服务业；四是发挥比较优势，参与国际分工，承接发展国际服务外包等。

3. 支持战略性产业和新兴产业群的发展

战略性新兴产业，是指关系到国民经济社会发展和产业结构优化升级，具有全局性、长远性、导向性和动态性特征的新兴产业。国际金融危机催生了新的科技革命和产业革命。发展战略性新兴产业，抢占经济科技制高点，决定着国家的未来。科技创新将深刻影响或改变未来的经济发展和竞争格局。依靠科技创新发展战略性新兴产业，是调整优化产业结构、转变经济发展方式、实现内生增长的重要途径。必须抓住机遇、明确重点、有所作为，积极发展具有广阔市场前景、资源消耗低、带动系数大、就业机会多、综合效益好的战略性新兴产业，大力发展新能源、新材料、节能环保、生物技术、智能网络、高端制造业等，逐步使我国产业结构调整和经济发展方式转变走上创新驱动、内生增长的轨道。

（1）新能源产业

新能源产业可能成为引领新一轮产业革命方向的战略性产业。我国幅员辽阔，风能、太阳能和生物资源比较丰富，核能的关键元素具有一定的储量，新能源产业发展的潜力巨大。要推进可再生能源规模化发展，加快研发和应用先进核能技术，实现合理、高效、清洁利用。

（2）新材料产业

新材料是高技术发展的物质基础和先导。我国要实现从材料大国向材料强国的战略转变，必须既要加快发展超级结构材料、新一代功能材料、环境友好材料和生物医用材料等重点领域的关键材料和器件，又要把握航空航天用的高性能结构材料、微纳电子材料和器件、光电子材料与器件及材料与环境的协调技术等重大战略方向。

（3）节能环保产业

节能环保产业涉及节能降耗和环境保护两大重要领域。节能服务产业发展的主攻方向应为工业、交通、建筑三大领域。工业方面应采用先进节能技术、工艺和设备，并对高能耗行业进行节能技术改造；交通方面应推广节油新技术，积极推动新能源汽车的发展，实施车辆油耗限制标准等措施；建筑方面应开展和推广新型建材和建筑节能综合技术，落实节能建筑标准和推行绿色建筑。环保产业要加快环保技术与设备的研发与运用，提高资源综合利用率，促进环保咨询服务业和环境服务贸易业的发展。

（4）生物技术产业

生物技术为解决粮食、医疗、能源和环境等领域的重大问题奠定了基础，并为现代生物产业发展提供了广阔空间。大力发展主要农作物新品种，实现规模化种植，大幅度提高农业综合生产能力。通过实施新药创制、传染病防治等重大专项，推动生物医药产业的快速发展。

（5）智能网络产业

以网络融合和智能化为特征的下一代网络产业，是全球IT产业发展的重要方向之一。以"三网融合"为目标的智能网络技术与产品的研发与应用推广，将形成庞大的产业链和巨大的产业规模。重点突破下一代网络、物联网、语义网、云计算等关键技术，促进通信设备制造业、信息安全产业、软件产业、高性能计算产业和空间信息产业的加速发展。

（6）高端制造产业

高端制造产业是衡量一个国家核心竞争力的重要标志。我国要彻底改变制造总体水平处于制造业产业链低端的现状，必须加快发展高端制造业。高度重视发展战略性的重大成套装备、高技术装备和高技术产业所需装备，坚持最大限度地优化利用资源和减少环境污染的方向，大力提高装备研发设计能力、制造能力和集成能力，推进以信息技术为代表的高新技术全面融入制造业，在一些重要领域拥有自主创新成果和核心竞争能力。

（二）产业结构调整优化的制度创新

制度重于技术。制度创新对产业结构的演进有着重要影响。因此，在产业结构的调整优化过程中，必然产生对制度创新的需要；而适当的制度创新，反过来又会推动产业结构的调整优化。

一国产业结构的调整优化，与国家的资源禀赋、历史条件、科学技术水平、制度性因素、政府的调控等密切相关。产业结构的形成与劳动、资本、技术进步、制度和环境密不可分，都是产业结构优化的必要条件。其中，劳动和资本是产业结构优化的基础性要素,技术进步是产业结构优化的关键性要素,制度是产业结构优化的内在性要素,环境是工业化的重要约束性要素。以内生经济增长理论为基础,结合计量经济学的观点,将制度和环境内生化,从而拓展新经济增长模型,把制度和环境看作与资本、劳动和技术同等重要的内生性要素,以此创新思维来进行产业结构调整优化的制度创新。

1. 加大技术投入的制度创新,增强产业升级的支撑能力

尽快形成政府投入和社会投入互为补充的多元化研发投入体系。设立中央财政用于企业技术改造的专项资金,引导银行和社会资金加大对企业技术改造的投入。实施鼓励企业大幅度增加研发投入的财税政策,降低企业开展自主研发的风险。实施税前列支科研设施建设投资费用等税收优惠政策,支持企业自主开发符合技术进步方向的产品;对重大共性技术在中试、产业化阶段给予资金支持,对企业自主研发的技术、专利的申请费、代理费等进行适当的资金补贴。建立一批研发设计公共服务平台,为服务技术创新提供良好的基础。加强知识产权体系建设,促进企业技术创新积极性。加强国家重点实验室、品种改良中心、工程中心建设,改善科研机构设施条件和装备水平,开展重大应用技术攻关和试验研究。整合国内大学和科研院所的科技资源,成立专门机构和组建专门队伍重建产业共性技术创新平台;打破行业、地区、所有制及军用民用的界限,发挥全社会的技术优势,实现科技与经济、科研与生产的紧密结合。

2. 深化产业领域的制度创新,加大产业发展政策支持力度

充分合理利用农业"绿箱"政策,以及农产品进出口配额、价格补贴等措施,加大对农业的保护与支持。加快推进农村金融改革,建立引导信贷资金和社会资金投向农村的激励机制,扩大农村金融市场准入,加快发展新型农村金融组织和地区性中小银行,大力发展小额信贷和微型金融服务。

继续优化工业行业组织结构,深化国有企业改革。积极推动重点行业的企业兼并重组,鼓励优势企业做大做强。打破行业垄断与地区封锁,通过横向联合、纵向延伸、多种经营、混合兼并等途径,对资产存量实行跨地区、跨部门、跨行业、跨所有制的重组,组建一批能够进入世界领先水平的大型企业集团和跨国公司。继续深化国有企业改革,加快推进国有垄断行业政企分开、政资分开,放宽民间资本进入限制。推进国有股权转让、上市流通、

变现和退出等市场机制改革。以提高资源配置效率为标准，在竞争性行业加快推进以国有资本绝对控股向参股、相对控股等多元化持股方式的转变。加快推进中小企业信用担保体系建设，切实解决中小企业融资担保难的问题。放宽民营资本进入服务业的限制，逐步提高非公有制在服务业中的比重。创新管理体制，尽快建立统一的服务业体系，消除条块分割、多头管理的现象，提高服务业管理效率，减少交易成本。逐步降低行政垄断水平，引入市场竞争机制，提高生产效率，增强竞争力。加强政府对垄断行业的监管，加快建立规范、完善的政府垄断监管体系和制度。逐步减少垄断企业对国家投资的依赖，积极鼓励企业提高管理水平、降低生产成本。

3. 开展资源环境的制度创新，加速淘汰落后生产能力

继续实施严格的出口限制政策，限制高耗能、高污染、资源性产品的出口，如进一步调整出口关税，必要时实行出口数量限制，防止高耗能、高污染、资源性工业行业及企业的出口冲动，促进这些行业的结构调整与升级；从法律、环境、安全、技术、质量和资源综合利用等方面提高行业准入标准，严格控制新增产能，强制淘汰落后产能；加大资源税与资源类产品价格改革力度，完善并落实节能减排措施，使资源类企业的外部成本内部化，促进企业加快技术进步与产品升级；建立规范的落后产能退出制度和退出保障补偿机制。当前，应尽快建立由中央财政、地方财政和企业三方共同出资的"落后产能退出专项资金"，实现对关闭破产企业的经济补偿和企业职工的妥善安置。尽快建立产业结构调整基金，主要用于被关停生产能力的经济补偿、人员安置，以及对其转产提供引导资金。

4. 完善人才培养机制，提高劳动者素质

充分发挥劳动力资源优势对产业竞争力的支撑。深化教育改革，逐步建立面向经济发展需要的多层次教育培训体系，增加高素质、高技能、具备创新意识的人才供给，尽快缓解产业发展高端人才不足的局面。积极调整现有高校、社会培训机构和中等职业学校的专业设置，发展多层次、多类型的专业教育。提高职业教育质量，培养出一批符合企业需要、具备合格工作技能的技术工人。加强农民的科技培训，提高农民的科技素质，培养农业生产的技术骨干。积极从国外引进高层次的技术和管理人才，特别是现代服务业紧缺的人才，如职业经理、信息技术、现代物流、会展策划与管理等方面的

高端人才。

5. 完善国际合作制度，逐步提高自主创新能力

通过继续扩大开放，提升消化吸收再创新能力。利用我国已有的产业技术基础和市场需求，积极引进、消化、吸收更高档次的技术和前沿技术开发，带动我国产业整体技术水平的提高。依据我国服务业的发展现实，权衡利弊得失，逐步降低外资企业市场准入标准，分步骤、有次序地扩大服务业对外开放领域。积极引进国际服务业知名企业和机构，带动服务业技术水平和管理能力的提升。继续以开放推动改革创新，吸收世界范围内市场经济制度建设的有益经验，逐步提升本土企业的自主创新能力，积极培育民族品牌，尽快提升本土企业的竞争力。

大力推进以企业特别是行业龙头企业为主体的自主创新体系建设。在新一轮全球产业调整中，积极引导国内有实力的企业参与全球竞争，构建全球性的经营和资源配置体系。鼓励企业到发达国家设立研发机构和实验室等。引导部分比较优势降低的产业及时向外转移，按照产业链条建立我国自己的全球生产体系。积极利用国际国内两种资源，搞好能源资源的全球战略布局，缓解能源、资源供给压力。鼓励我国企业"走出去"，对海外矿山进行合作、并购，提高资源保障能力。鼓励通过出口多元化扩大对新兴市场的国家出口。鼓励有条件的企业通过多种方式开展跨国经营。完善企业对外直接投资的社会服务体系建设。

6. 优化产业发展环境，理顺政府管理体制和资源要素市场机制

强化政府在制定战略规划、提供公共服务及弥补市场缺陷等方面的作用。充分发挥市场机制作用，在优胜劣汰中促进产业竞争力的提升。切实推进政企分开，减少政府在经济资源配置上的支配权与行政干预权。同时，建立健全科学合理的干部考核制度，避免片面追求经济增长速度，忽视技术进步和环境保护的倾向。在建立合理的行政管理体制、规范的市场秩序的基础上，国有及国有控股企业要真正向独立的市场主体转变，形成自主发展与自我约束的机制，在投资经营活动中切实做到自主决策、自担风险。继续深化银行等金融机构的市场化、企业化改革，使商业银行等融资机构做到自主决策、独立审贷、风险自负。

深化资源要素市场机制改革。重点推进资源类产品价格改革，健全反

映市场供求关系、资源稀缺程度的价格形成机制。特别是要调整和理顺土地、重要矿产资源、水资源等稀缺资源的价格关系，建立和完善生态环保补偿机制，使本应由企业承担但却由政府和社会承担的那部分成本，全部计入企业的投资和经营成本中，从而引导各类投资者和企业节约使用稀缺资源，主动调整产品结构，加大自主创新力度。

第三节 分配结构调整与加快转变经济发展方式

一、21世纪初收入分配与经济增长理论研究的新课题

20世纪80年代后期和90年代早期，从东亚、非洲和拉丁美洲国家的情况可以看到，在更快的经济增长的同时实现更加平等的分配是可能的。但是，近几年的发展现实可以看到，至少在东亚已经不再显现这样的关系。一些东亚"奇迹国家和地区"从20世纪90年代中期开始出现不平等，主要表现为土地价值的猛涨和熟练劳动力收入的增加。而很多发展中国家的情况也表明快速的经济自由化导致一些群体收入高于另一群体，如熟练劳动力的工资水平高于非熟练劳动力的工资水平，资本收益获得者的收入高于劳动收益获得者的收入，由于农产品价格自由化带来的农民收入低于工人收入等。

同时，随着经济全球化进程的加快，技术进步和作为开放结果的非熟练劳动力的全球供给的增加，尽管贫穷继续降低，不平等却开始在一些国家加深。例如在美国，伴随着经济发展，熟练劳动力和非熟练劳动力之间的工资差别变大。

总体来看，一方面，受益于技术的进步、国家之间更加地开放，从而全球化生产、销售和服务更为便捷；另一方面，信用货币时代，全球汹涌的流动性也席卷着世界各地的资本市场和资产，特别是为新兴市场带来了更难预测的资产泡沫。这些都给经济增长、收入分配以及两者关系带来了更为复杂的影响。

二、我国收入分配的宏观层面

收入分配结构可以从宏观、中观和微观三个层面来看。从宏观上说，主要是指国民收入中政府的财政收入、企业的经营收入和居民的工薪收入之间的关系；从中观和微观角度看，包括行业之间，行业内、企事业单位内不

同职位间的收入差别。

三、我国收入分配差异的深层原因

（一）要素分配中劳动报酬偏低的原因

1. 现行依赖要素投入为主的经济增长模式下全要素生产率贡献低下

我国经济的高速增长，主要靠要素投入的增长来实现。通过高储蓄率吸引外资和农村劳动力向城市转移，资本和劳动力等要素的高投入，首先造成要素价格，尤其是劳动力薪酬在很多竞争性行业被压低。

由于各地政府都把 GDP 增长率作为首要目标，故招商引资和基础设施投资便成为经济增长的主要手段。招商引资多以低廉的土地价格和税收优惠作为代价，超前或盲目的基础设施投资又导致财政支出中用于社会保障、教育和医疗卫生等民生的支出比重难以提高。基础设施的大投入，还导致地方政府负债率的大幅度上升，使用于民生的财政投入更少，但与基础设施投资相关的企业却从中获益。而不少企业又由于人力成本低廉或在其他方面可获得优惠，往往能获得超额利润，这就加大了贫富差距。

2. 流转税为主体的税制结构加剧了收入的不平等

税收调节收入分配的方式，主要是通过宏观税负、税制结构、税种设置和各税种的税基、税率调整来实现的。税制结构，简言之，就是税种的布局问题。不同的税制结构对收入分配的调节及收入公平的实现有很大差异。以所得税为主的税制结构，其基本特征是以所得税为主体税种或主要税收收入来源，所得税收入一般占税收总收入的 60% 以上，流转税收入一般不超过总收入的 20%，此税制结构有利于体现税收的社会公平，对调节收入分配具有良好的效果。我国目前以流转税为主体的税制，在充分发挥收入功能、保障税收大幅度增长的同时，由于其适用比例税率，在收入分配的调节上具有累退性，且流转税易转嫁，其比重越大，收入分配的差距就越大。

尽管流转税占我国税收总收入的比重多年来一直呈下降趋势，但至今在我国税收体系中仍占据着绝对主体的地位，表明我国财政对流转税有着非常大的依赖性。由于消费水平及支出项目结构的差异，流转税的转嫁会形成各不相同的税负归宿，这无疑对收入再分配的最终格局产生影响。通常情况下，消费支出占人们收入总额的比例有随着收入增长而呈现逐步下降的趋势，从而使流转税具有累退的特点。

第四章 结构调整与加快转变经济发展方式

由于增值税对所有有形动产课税，税负转嫁通过价格和销售量的变动来完成，与商品的供给弹性和需求弹性直接相关。一般来说，生活必需品的需求弹性较小，而奢侈品的需求弹性较大，这就决定了生活必需品的购买者必须承担大部分的税负。同时，由于低收入阶层恩格尔系数比较高，其收入用于生活必需品的份额较大，而富裕阶层恩格尔系数比较低，其收入用于生活必需品的份额则较小，征收增值税的实际结果是，贫者的负担率高，富者的负担率反而低。过度注重增值税的流转税制格局导致流转税整体凸显累退的特征。而在所得税征收方面，工薪收入被过度关注。

我国工薪税明显超高的占比表明，我国工薪阶层正承担着与其总体收入格局状况不太相称的赋税，劳动收入的税负程度偏重，与其在收入分配中的实际地位不相称。因此，尽管我们目前的累进税率并不低，但最大的问题是无法对富人进行有效征税，这是导致贫富差距过大的主要原因。

（二）居民收入差距不断扩大的原因

1. 地区差异的人口大国特征

对中国而言，城乡二元经济结构，东、中、西部巨大的经济差异，众多的人口和较低的城市化率，都是导致基尼系数高的原因，而不仅仅是经济发展水平的问题。如果选取一些国家的人口与对应的基尼系数做相关性分析，发现还是存在一定的相关性，即人口越多，基尼系数越大。

假设把全球看成一个国家的话，把全球所有人口都合在一起计算基尼系数，属于极其严重的收入差距不均。可以看出，全球不同国家和地区之间巨大的经济发展水平差异，是导致全球基尼系数畸高的主要原因。

就我国东、中、西部地区间的收入差异来看，随着市场经济的不断深化而使差距呈进一步拉大趋势。主要原因一是由于各地区原有的经济基础、商品经济意识、产业结构、地理优势、对外经济联系、人口素质等因素的影响，使各地区经济发展水平互不相同，从而收入分配出现差距。二是由于政策因素的作用。改革开放后，政府对经济特区和沿海开放城市实行了特殊的优惠政策，使这些地区在投资环境、引资条件、市场进入、特许经营、财税优惠等诸方面拥有了其他地区所不具备的特权。这些优惠政策的实施，有力地推动了这些地区外资和内资的引进，促进了经济的迅速增长。其结果必然带来发达地区愈加富裕、贫穷地区日益贫穷，拉大了地区间收入水平的差距。

经济二元结构的存在是城乡收入差距存在的基本原因。在我国农村，以手工、半手工等体力劳动为主的农村劳动生产率远远低于以现代工业为主的城市劳动生产率。劳动生产率的高低决定了收入的高低，从而导致了城乡居民收入的差距。而且，长期以来，我国不但存在着"二元经济结构"，还存在着"二元社会结构"。户籍制度把十多亿中国人分为"农业"和"非农业"两大类别，维持这种结构的是有关社会福利的多种制度。这种制度不仅阻碍了诸如劳动力的流动，而且给城市居民带来了农村居民无法享受的子女就学、公共服务等一系列福利待遇，使收入差距处于相对刚性状态。

因此，期望通过经济快速增长来缩小基尼系数，短期效果并不会很明显。此外，基尼系数也只是反映当年实际收入在不同收入阶层分布情况的一种指标，而非全面、客观来评价收入差距所造成影响的指标。

2. 农产品缺乏创造财产性收入的能力

长期存在工农产品价格"剪刀差"，致使农产品价格相对偏低。加上农民素质低、农业人口多等原因，农作物的生产仍然主要靠手工操作，仍然固守原有不合理的资源方式，在不具有比较优势的产业结构中苦苦挣扎：往往以高投入、高产出为目标，过分追求高产量而导致化肥、农药使用剂量剧增，农产品成本不断上升，在市场上无价格优势，难以在市场竞争中取胜，造成农产品销售困难，农民收入增长逐步受到限制。

四、加快经济结构转型，推动收入分配结构调整

（一）收入分配对于经济发展方式转变的意义

1. 我国赶超战略下的经济结构升级缓慢

在先行发达国家的成长过程中，产值和劳动力从农业向工业与服务业的转换基本上是同步的，即随着农业产值份额的下降，农业劳动力也相应地向工业与服务业转移，两者转移幅度的差异不大，因而在产业结构变动中，各部门之间在生产率和收益上趋于均等化。

在全球化背景、后起国的产业面临先进国家全面竞争的条件下，发展中国家的产业结构转换格局具有很大的倾斜性。在农业与工业中，工业倾斜发展；在轻工业与重工业中，重工业倾斜发展；在基础工业与加工业中，加工业倾斜发展。特别是当代发展中国家，产业结构转换普遍先于就业结构转换。这种状况反映了农业与非农业部门之间比较劳动生产率的巨大差异。

从收入结构看，第二产业比重稳步上升并居国民经济的主体地位，第三产业比重也稳步上升，第一产业比重则持续下降，并且突破了现代化水平的临界点。

市场经济在刺激生产力大发展的同时，也要求全部社会产品能够卖出去、消费掉。这样，才能顺利实现再生产过程，保持经济平稳较快增长。调整收入分配结构，提高低收入者有支付能力的需求，对加快产业结构调整有重要意义。

2. 收入分配的改善有利于促进消费

几乎所有消费需求的新变化，都可以从收入分配来解释。传统的刺激消费方法，如投资拉动、货币扩张、通货膨胀预期、收入增加等，如果加入收入差距因素，就难以扩大消费。从理论上分析，随着城镇居民收入的增加、边际消费递减，高收入阶层的消费需求也呈现相对缩小的趋势。也就是说，在城市居民之间，城镇高收入和低收入的边际消费倾向之间差距在拉大。而占城乡人口绝大多数的低收入阶层有消费欲望却无支付能力，形成不了有效需求，消费市场特别是农村市场难以启动。两股力量相互作用，共同制约了我国消费的增长。

而随着收入分配差距的扩大，收入增量主要流向了低消费率的高收入阶层，高消费率的中低收入阶层收入增长有限，这样总的效果将是消费率的下降。同时，由于高收入者购买力不断增加，企业将会扩大针对这个群体的消费品生产，因此就出现了汽车、住房等局部消费热点，而同时普通消费品相对偏冷的情况。具体从边际消费倾向的角度看，我国的城镇居民的最高收入户消费倾向不大。因此，政策制定应该倾向于低收入人群。通过提升工人、农民在国民收入中的比重，提高他们有支付能力的消费需求，为社会再生产的顺利实现提供良好的国内环境。

当然，虽然消费不振除了居民消费不振之外，还有政府和企业消费不振的问题，但居民消费近年来一直占最终消费的80%左右，远远超过政府和企业消费所占比重，所以仍然是导致消费不振的主要原因。

另外，该结论也表明，边际消费倾向最高的收入组并不是城镇低收入阶层和农民阶层，而是城镇中等收入阶层。这说明，扩大中等收入者的比重，对于刺激我国居民消费具有重要作用。因此，应该在初次分配和再分配中，按照社会公平和公正的原则，加强收入分配政策的实施力度，不断壮大中等收入者队伍，这更有利于满足我国居民消费需求、加快我国经济结构转型。

（二）推进制度创新，加快经济结构转型

提高农民收入的政策取向包括：一是通过市场和政策机制，提高农业劳动生产率和收入分配份额；二是加快城镇化进程，使农村人口向城镇人口转化，以此来提高农民收入。

1. 提升农业劳动生产率及收入分配份额

提高农民收入从提高农产品价格和务工收入入手。农产品价格方面，虽然现阶段提高粮食价格的可行性较小，但政策可以改善农民在粮食生产至最终零售整个过程中的收入分配份额，也可以提高三农补贴转移支付。自国家大幅提高三农转移支付，农村的转移性收入快速增加。此外，农业税取消、完善农村土地承包经营、全面推进集体林权制度改革、建立土地使用权流转制度都是长期的、根本的保障农民利益的措施。

工资收入方面，中国的城市化进程还只有几十年，进城务工收入还有很大的提升空间。更重要的是，政府正在考虑逐步放开户籍制度，允许愿意并有能力成为新市民的农民进城。

在加快农民财产性收入提升方面，需要积极推进农村土地制度创新，建立健全土地承包经营权流转市场，让更多农民群众获得集体土地的增值收益。目前，农村居民财产性收入中增加较多的是租金收入和转让承包土地经营权收入。因此，对农民而言，土地是财产性收入的主要来源。进一步扩大农民对土地的处分权，进一步明晰农民的房屋、土地等产权，让它们成为可以抵押、转让、入股、出租的金融资产，让农民原来死的、不能动的财富转变成可以再生更多价值的活资本，从而有效解决农民土地不能自由流转、大量土地房屋常年荒芜空置等问题。同时，建立起相关法律制度加以保护，规范征地过程中的各级政府的权力范围，防止行政权力在土地交易的渗透。

2. 加快中西部地区城镇化建设

在当前我国经济发展的背景之下，引致农村剩余劳动力向城市流动的因素仍然是收入差距。鉴于目前在我国东部，城乡差距已经大大缩小，乡镇企业发达，农村剩余劳动力向城市迁徙的高潮已经过去，现有的城乡人口流动规模同中西部相比要小得多。

在我国，因区域经济发展不平衡，东部地区城镇化发展水平较高，而中西部地区城镇化水平、工业化水平都相对较低。因此，劳动力流动不仅表现为不少国家在经济发展过程中都曾经出现过农村剩余劳动力向城市流动，而且尤为突出地表现为大量人口由中西部欠发达地区流向东南沿海发达地区。

但是，我国目前的劳动力流动严重受到户籍制度等因素的限制，大量农民工虽进入东部地区务工，但无法真正融入城市生活成为新市民。考虑到我国改革的渐进式特征，在相当长时期内户籍制度存在等原因致使劳动力市场不可能一下子全部放开，因此，在当前推进中西部城镇化、创造条件让农村人口在就近城镇就业并成为城镇新市民，是切实可行之举。

目前东部地区因劳动密集型产业成本上升而面临经济结构急需转型、产业结构面临升级并且向中西部实施产业转移的趋势，在这一背景下，推进中西部地区城镇化战略有助于发挥劳动力密集型产业的比较优势，在增加中西部农民就业机会的同时，有利于东部和中西部形成产业链上的联系效应，以改变仅仅是东部地区廉价劳动力输出地的局面，增加中西部地区产品的附加值，进而缩小地区收入差距。同时，在户籍制度维持不变的前提下，中西部地区农民到东部打工并将部分收入寄回家，虽能在一定程度上增加收入并缓解地区收入差距，但并不能从根本上解决问题；只要中西部地区农民不能永久地在东部地区定居，地区收入差距扩大的问题就没有解决；虽然目前东部少数地区开始允许少数优秀农民工在当地定居，但对于中西部地区仍然处在贫困或刚解决温饱的广大农民来说，只是杯水车薪，对于加速农村剩余劳动力转移过程意义不大；相比之下，推进中西部城镇化战略却具有"抓中间，挑两头"的全局意义。

3. 有效放开民营资本的准入，扶持中小企业发展

虽然私营企业效率较高，但中国金融机构显然更偏好国有企业。长期以来，私营企业融资困难一直是阻碍中国经济进一步发展的重要因素。私营企业往往只能依靠留存收益、企业家个人储蓄和一些非正规渠道为运营和发展提供资金。而中小型私营企业就更加难以通过正规金融支持获得发展。由此可见，通过鼓励资源流向生产效率更高的民营中小企业，可以推动经济高速增长，提升就业水平，并有效提升居民收入。

（三）通过完善初次分配的结构推动经济结构转型

1. 推动初次分配的改革、提高劳动要素的收入份额

初次分配领域的改革，可以概括为"提低、扩中、调高"。收入分配制度改革的总体措施是：着力提高低收入者收入水平，扩大中等收入者比重，有效调节过高收入，取缔非法收入。

初次分配领域的改革主要涵盖：

（1）提高低收入人员收入水平；改革公务员薪酬制度；提高农民收入水平；限制垄断行业收入。

提高低收入人员收入水平和改革公务员薪酬制度，一是加大政策保护；二是扩大就业。目前的政策已经有所体现，包括各省发布了工资指导线、调升了最低工资标准；提高个人所得税起征点。对垄断行业进行收入限制的政策取向包括：一是继续推进要素市场化，对资源和环境进行定价，使垄断企业的成本内部化；二是实施国企分红制度，国家作为资本所有者将参与垄断企业的利润分配，抑制垄断企业的过度积累和无节制提高职工收入；三是放宽行业准入，进一步向民营资本开放。

由于在大量农村剩余人口的条件下，我国劳动者在收入分配中长期处于弱势地位。因此，政府应当积极推动劳动者报酬决定的集体协商谈判机制，从根本上改变劳动报酬在国民要素分配中的不利地位。较之资本所有者，单个劳动力在劳动力市场上处于绝对弱势地位，从而导致其只是价格的被动接受者，而没有讨价还价的能力。这是居民所获劳动报酬低的重要原因。改变这种状况，需要形成劳动者收入的集体谈判机制。谈判双方不是资本所有者和劳动力所有者，而是资本所有者与劳动力所有者的代表——工会组织，这样能更好地维护劳动者的权益，最终形成雇员、工会、雇主和政府四位一体的劳动报酬集体谈判制度。政府还应当建立健全涉及保护劳动者利益的各项法规，严格保护劳动者权益，包括严格的劳动保护制度、最低小时工资标准制度、社会保障制度、根据物价指数调节居民劳动报酬水平的制度等。

在劳动者、企业、政府要素分配格局中，还应当积极推进财税制度改革，主动控制政府财政收入在国民收入分配中的占比。同时，将目前的以流转税为主体的税收格局逐步转变为以所得税为主，所得税重点从工薪收入征收为主转向财产性收入为主，从而更好地缩小收入分配的差距。

2. 增加居民财产收入的制度改革

中低收入阶层目前财产性收入来源较少，对于收入提升贡献较低，这也是收入差距不断扩大的重要因素。因此，需要从法律和产权制度上保证居民特别是中低收入阶层的财产，要高度重视对社会弱势群体财产权的保护。对他们财产的征用、没收都应严格纳入法律之下，确保财产性收入来源的基础稳固，包括农民的土地、城镇居民的房屋、小摊贩的摊位和工具等。一旦中低收入阶层连维持基本生存的财产都丧失了，那么无论政府怎样创造条件，他们也不可能拥有财产性收入。因此，更大力度保护普通居民的财产权，以及他们在任何地方都能有劳动吃饭的机会，是最应该被创造的条件之一。

加强和完善资本市场立法，创新金融及其管理制度，为居民获得和拥有更多的财富创造出更多的金融工具。所以，通过有效地放开民营资本的准入，改善小企业、中小经营者的生存和发展环境，才能逐步提升广大居民的资本要素收入。

此外，与世界发达国家相比，中国居民的金融理财工具和产品仍然有些欠缺，特别是小股东等的利益保障机制还不健全，因此，亟须通过立法，特别是全国人大的高层次立法，以完善资本市场。营造"公平、公正、公开"的投资环境，是保证广大居民特别是中小投资者提高财产性收入的重要条件。近年来，不少百姓的财产性收入都与金融密切相关，主要来自股市和基金。当前，要进一步遏制"消息市""政策市"等现象。在市场制度的设计上，要注重保护在资金、信息等方面都处于劣势的中小投资者的利益。同时，在金融市场方面，还要加快多层次市场体系建设（包括股票、债券、基金、黄金、外汇、期货等），加快金融产品和金融工具创新，不断改善金融服务，构建广大居民收入来源多元化、风险结构异质化、资产存量组合化的理财平台，为居民拥有更多的财产性收入创造条件。

（四）向服务型政府模式转变，适应经济结构转型

要缩小贫富差距，就应该转变经济发展方式，而这也是目前政府极力倡导的。但是，经济发展方式的转变需要一个中长期的过程。因此，只有加快转变政府职能，成为服务型政府，政府服务重点转向民生保障的支出，积极提高中低收入阶层的福利，帮助缩小居民收入差距，才能适应经济结构转型的需要。

短期内，我国即便改变了政府主导的以 GDP 增长为目标的粗放型增长模式，也难以改变以高储蓄率为特征的、以要素投入为主导的"东亚模式"。从长期看，只有技术进步、提高效率才是经济增长的长期可持续动力。

但我国作为耕地、矿产等资源都相对短缺的人口大国，就业是最大的问题，劳动力过剩即便是在目前这种不是靠技术进步来推动的增长模式下还无法避免，未来随着农业现代化的实现，劳动力闲置现象将更加明显，这是单纯靠技术进步所不能解决的问题。

因此，如何通过收入合理再分配来缩小贫富差距，是政府工作的重点之一。当前，我国虽然已经建立了教育培训、保障住房、养老、医疗、失业、工伤、生育等各项公共服务网络，但还存在覆盖面有限、全国标准不统一、给付数量太少等问题。上述问题的存在，使农村居民、中西部地区的城市居民、不能享有良好社会福利的工薪阶层无法解除后顾之忧，增强了他们的预防性储蓄动机，从而抑制了居民消费。

因此，需要消除城乡分割的收入再分配制度，建立城乡一体化的民生保障、公共服务体系。在目前城乡分割的制度下，农村居民的生产、消费和再分配收入均受到抑制。近年来，政府对农村居民的补贴使这种情况有一定缓解，但由于这只是临时性的措施，目前还难以改变转移性收入分配不平等的大趋势。要从根本上解决转移性收入扩大城乡收入差距的问题，就需要通过立法的方式，从制度上取消城乡分割的公共服务体系，使公共服务与居民的身份地位"脱钩"，建立对全体公民一视同仁的公共体系。公共服务制度的城乡一体化，将导致财政加大对那些享受社会保障较少的群体（如农村居民）的投入，使农村居民能与城镇居民一样享受相同的政府转移支付待遇。而且，这也会促使欠发达各省区的政府部门增加对农村居民的转移支付，至少与对城镇居民的转移支付力度相同。

另外，还需要增加政府间的转移支付，建立全国各区域之间一体化的公共服务体系。各地区经济发展水平不同、财政充裕程度不同，是造成地区间转移收入分配不平等的重要原因。要消除这种情况，需要建立全国各区域之间一体化的公共服务体系。在此体系之下，无论是发达地区还是欠发达地区的居民，都应享有相对平等的转移支付待遇。这就可以逐步缓解地区间不平等问题，刺激中西部地区的居民消费。各地区财力不同，因此要建立这样的一个体系,需要增加政府间的转移支付,尤其是增加中央财政对经济欠发达地区的转移支付,使地方财政不充裕的省区有足够的财力进行转移支付。

第五章 区域经济发展理论与战略

第一节 区域经济发展理论

一、区域概述

（一）区域的界定

"区域"是区域科学研究中的核心概念，英文用Region一词来表示区域。"区域"是一个意蕴广泛而又相对的概念。如何界定和划分区域，这是区域经济理论研究中首先面临的一个重要问题。学术界对"区域"一词并没有明确的定义，其大小也完全取决于研究的目的和问题的性质。"区域"概念之所以难以界定，主要源于以下几个原因：一是根据研究问题的重要性和类型，区域的大小可以在相当大的范围内变动；二是区域的邻接性问题，即在把国家划分成区域时，不能出现飞地；三是许多学科涉及区域问题，不同学者从本学科的研究目的出发，对区域的界定和划分往往有不同的看法。例如，社会学家和人类学家将区域看成具有相同语言、相同信仰和民族特征的人类社会集聚区和聚落，承载着相应的功能；政治学家以及行政管理学者则将区域看作国家管理的行政单元。

从更一般的角度看，区域是指根据一定的目的和原则而划定的地球表面一定范围的空间，是因自然、经济和社会等方面的内聚力而历史奠定并具有相对完整的结构，能够独立发挥功能的有机整体。

（二）区域的特征

1. 地域性

地域是一个地域空间概念，是某个整体中的一部分，是局部的概念。它指的是人类经济活动及其必需的生产要素存在和运动所依赖的"载体"——

地域空间，这种经济活动的载体由于自然、社会、历史、经济、文化的等诸因素作用，形成一个复杂的有机结合体。地域空间的概念还有水平延展变化的特性，这是从平面上划分经济区域的依据所在。每一项经济活动都必须落实在一定的区域上，从空间维来分析，考察经济活动就构成了区域经济学的根本出发点，这是理解与解决区域问题的关键。

2.结构性

结构性主要表现为以下三个方面。

（1）层次性

如城镇体系就是一种区域的典型的层次结构，中心城市控制次级城市，次级城市控制小城镇，小城镇控制农村；层次性还体现在区域有大小之分，大的系统包含次一级小的系统。

（2）自组织性

主要表现为区域的竞争和集聚等方面，往往反映了区域系统性的一面。

（3）稳定性

是指区域的客观性及地域上的不变性，如果区域是不稳定的，那么区域的整体性就难以体现。

3.可度量性

每个区域都是地球表面的一个具体单元，可以在地图上被画出来，它有一定的面积，有明确的范围和边界，可以度量。区域的边界可以用经纬线和其他地物控制。例如，我国的国界有明确的经纬度范围，国界线用界碑来控制。

与可度量性紧密联系的是区域和区域之间在位置上的排列关系、方位关系和距离关系。

4.系统性

区域是系统的，区域的系统性反映在区域类型和区域内部要素的系统性两个方面。区域的性质取决于具体客体的性质，具体客体的多样性决定了区域类型的多样性，地表上的几何自然客体、社会经济客体都要落脚到一定的区域。

每个区域都是内部各要素按照一定秩序、一定方式和一定比例组合成的有机整体，而不是各要素的简单相加。例如，每个自然区域是自然要素的有机组合，每个经济区域是经济要素的有机组合。

5. 开放性

一个独立的区域并不是一个封闭的区域，它是在一国总体目标的指导下，不断与外界进行物质与能量交换、优化调整自身组织结构、发挥自己独特功能的单位。没有对外的开放性，就很难找准其生存的位置；失去总体目标的导向，就会走向无序、无度，陷于盲目、封闭、僵化、停滞之中。通常地，各区域在发挥各自比较成本优势、追求自身利益最大化的同时，也会随之建立起一套各具特色、专业化突出的经济结构，塑造自身在整体中的地位与形象。

（三）区域的分类

在研究区域经济问题时，应根据不同的目的和需要，分别从均质区域、规划区域和极化区域的角度去划分区域。

1. 均质区域

均质区域是指形态上内部性质相对一致而外部差异性最大的地表连续形态。一个区域内部绝对的一致性是不存在的。采用均质区域方法就是在研究区域经济问题时，着眼于区域内部的共性及区域相对于广域而言的个性，重点把握每个地带的特点、作用及相互之间的差别。

2. 规划区域

规划区域亦称计划区，是指政府在经济决策时，按照政策的目标而界定的区域。规划区域即政府实施经济决策的地区，这实际上赋予该地区一种同一性。规划区域一般建立在均质区域或结节区域基础之上的。区域内自然条件、社会和经济特点的相似性以及各组成部分之间经济联系的紧密程度，是政府确定规划区域的两个重要依据。如果规划区域的划分没有考虑到区域内各地域单元的经济特点和功能联系，规划区域不加选择地界定，那么包括在规划区域之内的某些地区可能会与区域外的节点有着更高的相互依赖程度，这样将会影响规划决策的有效性。一般情况下，结节区域就是理想的规划单元。从这一点来说，结节区域与规划区域是一致的。

由于任何一项区域政策的实施都需要执行的权力，而这种权力更多的是由政府而不是私人机构掌握，因此规划区域的划分还必须考虑到行政区划因素。其边界的确定一般以现有行政区域体系为基础，适当照顾到行政区域的相对完整性，以有利于基本数据的收集和政策的贯彻实施。最有用的区域分类也就是那些遵循行政管理范围的边界划分而成的区域了。

为了便于政策的实施，提高政策的效果，规划区域一般要求有明确的界线，其地域规模也不宜太大。否则，如果地域界线不明，各项政策措施将难以具体落实到地区，因而也就难以真正得到有效的实施；如果规模太大，政府在制定和实施政策的过程中，将会感到心有余而力不足，因为政府的能力终究是有限的。

3.极化区域

这是中心地与周围地区在经济上相互关联和相互作用的异质连续的经济地理范围，通常是指由中心城市作为增长极，其影响沿交通线向周围地区辐射、扩散而形成的区域。中心城市是极化区域经济的重心，周围地区得益于中心城市的带动作用而发展。在中心城市的引力作用下，中心以外的各个部分向它聚集，形成相互间紧密联系和一体化的经济区域，其中的核心即佩鲁增长极理论中的"发展极"。[1] 采用极化区域方法研究区域经济问题，是要突出区域的经济重心，通过区域中心地与周围的联系来认识区域。把握好区域经济重心的发展；同时，在研究区域与其他区域的相互关系时，把握好区域之间相互作用的着力点，即中心地。此时，可将极化区域看作一个点，故极化区域又可称为节点区域。

二、区域经济概述

（一）区域经济的界定

区域经济是国民经济的子系统，是具有鲜明区域特色的国民经济，是在经济上有密切相关性的一定空间范围内的经济活动和经济关系的总称。它是以客观存在的经济地域单元为基础，按照地域分工原则建立起来的具有区域特点的地域性经济。

（二）区域经济的特征

1.区域性

区域经济是一个国家经济的空间系统，主要从空间角度研究经济活动规律。经济活动不管何种部门（产业）和处于什么发展阶段，都必须落实到

---

[1] 王晓轩，张璞，李文龙. 佩鲁的增长极理论与产业区位聚集探析[J]. 科技管理研究，2012，（第19期）：145-147.

一定的区域空间。

把经济活动置于空间维来考察，这是理解区域经济的钥匙。正因如此，"区域"和"空间"在区域经济学文献中往往成为可以相互换用的名词。因此，区域性是区域经济最基本、最显著的特征，也是与国民经济、产业经济最显著的区别。在区域经济看来，区域是能够在国民经济分工体系中承担一定功能的经济区。各个区域的不同特性，使区域经济烙上了强烈的地域性特点。

2. 综合性

区域经济是一个相对独立而内部又有密切联系的有机系统。区域经济的构成要素既有地域要素，又有产业要素；既有经济要素，又有非经济要素。区域经济既涉及生产领域的活动，又涉及非生产领域的活动。区域经济联系表现为产业间和地区间经济联系的综合与交叉，因此任何区域的经济活动尽管各具特色，但都具有一定的综合性。

3. 发展的不平衡性

由于自然、社会、经济条件的影响，区域经济发展具有空间不平衡性。有自然资源的差异，包括地理位置与气候、地质地貌、土壤、植被、地下矿藏、水力、森林等；有经济活动的差异，包括劳动力、资金、技术等要素流动与配置的差异，生产发展水平高低与规模大小、产业结构与成长演进、市场容量与发育程度、经济活动成本与效率的差异，等等。此外，还有人文环境与其他非经济因素的差异，包括人口的数量、素质、密度以及民族宗教信仰、历史文化传统、社会发育程度、居民性格特征、风俗习惯等方面的差异。这些差异的存在必然导致区域间经济发展的不平衡性，表现为区域间在经济实力、经济增长速度、经济发展水平和人民群众生活水平上的不平衡。

第二节 区域经济发展战略的准则

一、区域经济发展战略简述

（一）区域经济发展战略的概念

"战略（strategy）"一词最早是军事方面的概念。战略的特征是发现智谋的纲领。在现代，"战略"一词被引申至政治和经济领域，其含义演变为泛指统领性的、全局性的、左右胜败的谋略、方案和对策。区域经济发展战略是指一个国家或区域在一个较长历史时期，对其经济、社会发展的总目标、总任务以及实现总目标、总任务的关键性对策所做的全局性、长远性和方向性的谋划。

（二）区域经济发展战略的特征

1. 主动性

作为决定全局的谋划的区域经济发展战略，其本质特征在于争取、保持和发挥全面的主动性。主动性之所以成为战略的本质特征，是因为其反映了区域经济这一系统全局的品质和性能，反映了系统保持和提高自身生存的能力。掌握主动性，系统会由弱变强或进而越强；丧失主动性，系统会由强变弱或进而越弱。主动性的表征是系统保持和提高自身生存的能力，与系统生存的稳定性、适应性和有效性有关。通过战略研究，可以把握系统发展的主动性，使系统达到一种具有主动性的结构和状态，从而在环境变化时保持其稳定性和适应性并表现出较强的自组织性、自适应性，显示出强大的内聚力和吸引力，使系统的整体功能得到最大限度的发挥。主动性体现在战略的筹划之中，要靠战略的实施来实现。

2. 预见性

预见性即具有较强的预见性或前瞻性。预见性有狭义和广义之分，狭义的预见性是指在制定远景目标时，对经济发展的规模、速度和水平等指标的预测，其特点是时间越短，预测误差就越小；而时间越长，预测误差就越大。广义的预见性还要预测未来产业结构变动的基本态势，把握区域政策变动的方向及区域发展趋势。

3. 全局性

一个区域的经济建设是丰富多彩、包罗万象的。经济发展战略必须反映出经济运动各方面的要求，能够总揽全局，协调各方面的发展，兼顾各方利益，而不能有片面性，更不能只及一点、抓小弃大。经济发展战略必须从宏观上达到区域内部和外部进入资源最有效的配置与利用，以实现区域经济最大的宏观效益。

4. 政策性

经济发展战略一经确立，就必须通过政府权力系统的运作加以实施。因此，战略必须具体落实到政府的一系列政策和具体法规、措施上，尤其在财政政策、金融政策、产业政策、投资政策、外经贸政策、价格政策、劳动就业政策和收入分配政策等方面体现出发展战略的指导原则，在社会经济运行中发挥切实的政策性效应，产生宏观调控的作用。

二、区域经济发展战略的准则

区域经济发展战略的准则主要有均衡准则、协调准则、速度和效益并重准则、经济和社会统一准则、对策与目标统一准则和可持续发展准则六项。

（一）均衡准则

从全球范围来看，中心和边缘就是发达国家和发展中国家之间的关系；从一国之内来看，就是发达地区和欠发达地区之间的关系；从一个地区来观察，就是城乡之间的关系；从一个城市来观察，就是市区和郊区的关系。

中心和边缘的存在有其相互依存的一面，如城市里集中了工业和商业，相应地也汇集了科技文教事业；而农村里则主要经营农业。这种产业分工格局使城乡之间在经济上有一种内在联系，农村为城市提供粮食、原料和劳动力，而城市则为农村提供日用工业品和机器设备。城市里的商业和服务业则为城乡之间的交流服务。这是城乡之间即中心和边缘之间相互促进、相互依存的一面。但是，更突出的是城乡之间也即中心和边缘之间的差别、摩擦和矛盾。

1. 生产力发展水平的差别

现代的先进生产力集中在中心地带，而传统的相对落后的生产力则集中于边缘地带，因而中心和边缘的生产方式迥然不同。

2. 社会文明程度的差别

现代的科学技术、高等教育、文学艺术和时尚的文化理念等都集中在中心地带，传统的手工技术、初等教育、过时的理念和缺乏文化气息等则集中在边缘地带。中心和边缘的社会发展水平差异甚大。

3. 居民收入水平的差别

中心和边缘地带居民收入水平的差别比较明显。居民收入水平的差别不应只看数字的多少，还应注重由收入水平的差别而引发的教育水平、生活方式、文化修养和心理素质等方面的差别。

（二）协调准则

协调准则主要是指优势资源开发和区域经济发展的有机协调，具体包含以下四个方面。

1. 结合区域优势，发展特色区域经济

发展各具特色的区域经济结构的客观依据在于：

（1）区域自然条件的差异和自然资源分布的不均衡性。

（2）原有的经济发展水平、特点和各种社会经济因素的区域差异。

（3）充分利用生产专业化、集中化、联合化的效益。

（4）各区域自然地理、经济地理、运输地理和国防地理位置的差异。

这些不均衡性和差异性派生出区域分工、区域互补和区域协调。各个区域都会利用供给量大、生产成本较低的产品换取本区域需要的、短缺的或者生产成本较高的产品，从而实现关联区域的共同发展和整体区域的资源效益整合。

2. 正确处理发挥区域优势与全面资源观的关系

经济发展资源包括四类：社会资源、经济资源、技术资源和自然资源。随着经济全球化、信息技术的发展和物流网络的形成，促成了社会的发展，区域经济发展对自然资源的依赖程度呈现出削弱态势。各种资源的结合程度、方式不同，所产生的区域经济发展效果截然不同。全面的资源观应当是在突出依靠技术资源的基础上，追求认识和处理自然资源优势和其他资源优势的关系。

3. 区域经济与国民经济协调发展

区域经济与国民经济的协调发展要求正确认识历史优势与现实优势、潜在优势与现实优势的关系。区域经济优势不是一成不变的，要着眼于区域优势的培育和开发，既要激发区域自身优势的潜力，又要依托与关联区域的协作。

4. 结合区域综合优势与区域比较利益

比较利益原则上以发挥区域优势、追求分工利益、实现更加整体利益和区域局部利益最大化为出发点。长期以来，在资源低价甚至是无价的状态下，经济欠发达地区往往以低附加值的初级产品换取经济发达地区高附加值的深加工产品，资源优势所产生的利益在很大程度上反而由他人通过技术资源优势来享用，区域差距拉大是自然的事情。只有多种资源优势整合，才能挖掘区域的自身发展力。

(三）速度和效益并重准则

区域经济增长不仅表现为增长的速度，还应该表现为增长的效益。我国区域经济发展曾有过深刻的教训，即经济建设往往重速度、轻效益，结果是指标上的速度很高，而人民群众和社会得到的利益并不多。区域经济发展必然要表现为一定的增长速度，对不发达地区来说，由于同发达地区存在较大的经济技术位势差，因此争取一定的增长速度是合理的，但是这种速度必须是建立在经济效益不断改善的基础上。如何在战略上体现这一原则，使速度和效益能经常地保持下去，这个问题涉及区域经济发展中的许多方面，但关键在于完善区域经济系统结构，把速度和效益建立在优化的结构基础上。结构问题必须从战略的角度加以考虑。通过优化区域经济系统结构来贯彻速度和效益并重的原则，是区域经济发展战略中的重大问题。

（四）经济和社会统一准则

这里所说的经济与社会是指经济生活和经济以外的其他各项社会生活。经济的发展在一定程度上既要依赖于科学、技术、文化、教育等社会事业和社会管理、政治体制等的发展与完善，也依赖于社会风尚、文化观念以及人的综合素质。没有这一切，经济是孤立发展的。同时，经济的发展、社会财富的增加，又为科学、技术、文化和教育等社会生活的发展提供了物质基础。所以，经济与社会二者相辅相成，在研制区域战略时要使二者相结合，不可偏废。

（五）对策与目标统一准则

一个区域经济的发展战略是对策和目标相统一的发展战略。战略目标是理想、愿景和发展指标的统一。"理想"是最高层次的，它是区域战略主体的最终追求，因而它是抽象的，不具有形态、情景和期限。战略目标是以共同理想为指针、由愿景和发展指标相整合而形成的。战略对策与战略目标不同，它是实现战略目标的手段、途径和方法等。

战略目标和战略对策实际上就是目标和手段的关系。目标和手段必须相结合、相统一。但并不是目标和手段的简单统一，而在于如何在既定目标的条件下，使手段和对策更具有创新性。因为创新是一项战略决策的灵魂，应该贯穿于战略决策的各个要素，包括战略目标的创新、战略重点的创新和战略阶段的创新等。创新还应渗透于战略研制和实施的各个环节，包括战略方案研制、战略实施、战略调控和战略评估等。

创新更应体现在战略对策的设计和选择上。只有掌握了具有创新性的战略对策，才能更有效地保证战略目标的实现。战略对策的创新性不仅表现在它的多样性，更重要的是具有能保证战略目标又好、又快、又多、又省地实现的性能和机制。而要做到这一步，又取决于战略对策科技含量的高低和理念是否先进以及各种战略手段能否优化组合等。总之，在研制和实施区域经济发展战略时，必须遵循创新特别是战略手段创新这一准则。

（六）可持续发展准则

有些地区提出的经济发展战略目标和步骤往往不考虑人口、资源和环境保护问题，自认为经济的增长可以以牺牲生态环境为代价；还有的提出"先污染，再治理""先开发，再保护"的思路。这种只顾经济增长，不顾环境保护的观念导致了严重的恶果。事实上，强调生态环境的保护，从短期看是由于对资源再利用等方面加以限制，会减缓经济增长的速度；但从长期的整体利益看，只有这样才能保证经济和社会同步健康发展，才是从"以人为本"的原则出发的根本目标。当前，我国由于许多环境资源被排除在市场体系之外，没有明确界定产权、没有定价、没有被纳入经济指标中，因此这方面的损失没有被计算，并在名义的经济增长额中加以扣除，所以人们对此也不加重视。有些环境问题一旦出现，几乎是不可逆的；这种不可逆性给后代人所带来的危害和损失是难以计量的。因此，只有符合可持续发展的原则的战略，才是科学合理的发展战略。

三、各类型地区区域经济发展战略研究

（一）城市经济发展战略

1. 城市经济发展战略的概念

城市经济发展战略是指对城市经济系统或特定城市内部经济结构要素和外部经济环境的状况进行分析估量，提出城市在一定时期内的发展目标，以及实现这个目标所必须采取的途径、措施和部署。

2. 城市经济发展战略的制定原则

城市经济发展战略的制定一般需要遵循以下原则。

（1）关联原则

关联原则是制定城市经济发展战略的基本原则，主要包括三个方面的

内容：

第一，供需之间的关联。城市经济发展实际上是供给与需求两个系统相互作用的过程。供给系统形成是生产要素不断组合成企业和产业的过程。供给系统的变化体现在生产要素的组合关系，即生产函数变化上，具体是由土地及自然资源、劳动力、资本、技术、管理等组成的产品生产与服务供给体系；需求系统则是由消费、投资与区外需求（包括出口）所组成。

第二，供给要素之间的关联性。在制定城市发展战略时，要全面分析各种生产要素之间的匹配性，并考虑获取各种资源的难易程度。找出有市场潜力且具有要素供给比较优势的产业和产品，确立为城市发展的支柱产业或主导产业。目前，招商引资、发展资本节约型的劳动密集型产业仍然是我国城市的重要发展模式。

第三，产业之间的关联性。一方面，城市经济发展要妥善处理市域范围内第一产业、第二产业与第三产业之间的相互关系；另一方面，城市经济系统作为一个有机体，存在若干主导产业及支柱产业、相关辅助产业与基础产业部门间的比例关系，主导及支柱产业是商品输出型产业，对城市经济增长具有根本拉动作用，因地制宜培育、适时转换更选主导及支柱产业是城市经济保持持续增长的关键。

（2）实事求是原则

一方面，不同城市在资源、地理条件、人口素质、城市交通、基础设施等方面的具体条件不同，制定城市经济发展战略时必须立足于本城市的基本条件，抓住本市的优势和特点，这样才能制定出既切合本市实际，又发挥本市特长的可行的城市发展战略；另一方面，城市的经济发展既要从自身特点出发，又要根据国民经济的需要来确定其发展方向，这样才能既保持城市发展应有的特色，又使城市的经济活动纳入整个国民经济运行轨道中。

3.城市经济发展的战略措施

（1）坚持产业优先原则

产业是城市经济的支撑，也是发展城市经济的核心。要重视培育壮大主导产业和支柱产业，扩大主导产业和支柱产业规模，努力提升产业结构层次、产业集中度和产业外向度，不断延伸中心城市产业链条。城市经济内其他城市则应按照产业链条延伸、产业相互依存和关联的要求，主动承接中城市辐射，积极发展与区域主导产业、支柱产业协作配套、上下游配套的相关产业。同时，要注重发挥各个城市的优势，发展地方特色产业，促进城市经济产业布局、产业结构的合理化，避免因产业结构单一而造成恶性竞争。要通过城市经济内主导产业、支柱产业与特色产业的优势互补、协调发展，形成布局合理的产业构架和板块经济，创建多层级经济网络体系。

（2）实现观念的转变，树立全面开放的市场发展观

城市经济要从区域经济整体利益出发，进一步开阔思路，注重区域性市场与国内市场、国际市场的接轨，增强大开放、大市场观念，既开放区域内市场，又对区域外开放市场，从而在全国统一市场的大框架下，建设立足区域、面向国际国内的开放型市场。

（3）加强制度建设和政府规制，创造良好的制度环境

首先要建立完善的市场体系，根据各成员城市的基础条件在区域范围内发展和培育物流、人才、劳动力、资金及信息资源等各类市场，建立健全市场网络。同时要营造良好、规范的市场秩序，制定措施，强化整治，真正消除行政分割和地方保护。各城市地方职能部门要切实转变职能，以服务市场主体为己任，坚持依法行政、文明执法、优质服务，合力营造有利于区域性城市经济发展的良好政策环境、信用环境、服务环境和执法环境。

（4）积极推进文化建设，促进城市经济文化融合

在尊重城市历史文化传统的基础上，发现城市文化的共性和相似点，通过兼容、融合，提炼出新的区域性文化品质，提升城市文化精神，营造先进文化发展的氛围。此外，要充分发挥先进文化在城市经济中的领军和渗透作用，以崭新的文化形态扩大城市影响力并大力发展文化产业，创造精品名牌，加速实现文化与经济的交融。总之，城市经济的发展，不仅涉及经济的协作与发展，还涵盖了政治、文化、地理等方面的因素，是一个各方面因素相互作用和协调的过程。我国区域经济发展开始发力，城市经济的兴起和大力发展成为大势所趋。消除现存阻碍城市经济发展的不利因素，为城市经济的发展创造一个良好的环境，是促进区域经济快速发展的客观要求。

（二）农村经济发展战略

1. 农村经济发展战略的概念

农村经济发展战略是指农村经济发展过程中那些全局性和长远性的筹

划和指导，主要是确定一个地区的经济发展目标、指导思想和基本方针。

2. 农村经济发展战略的制定原则

（1）从实际出发原则

从实际出发是制定农村经济发展战略的根本原则，即从具体的国情、区情出发，切忌脱离实际。我国基本国情是人口众多，人均占有资源不足，劳动力相对充足，幅员辽阔、地区差异大等，这些制约着我国农村经济的发展。因此，只有因地制宜、扬长避短，发挥地区优势，经济才可能有较快的发展。

（2）定性与定量相结合原则

确定农村发展战略目标时要遵循定性和定量相结合。在我国，农村发展战略目标的确定必须坚持社会主义方向，这是定性的基本要求；定量的基本内容是要规定农村社会总产值和工农业总产值的增长数量和比例，特别是国民收入的增长速度和农村居民可能达到的生活水准以及农村经济、社会发展的其他指标。在确定地区农村经济发展战略时，必须与全国发展战略目标相适应，同时与具有相似条件的地区进行横向比较，以求得比较先进且可靠的战略目标。

3. 农村经济发展的战略措施

（1）发展农村科技战略

鉴于农业和农村科技水平低又具有较强的公益性，以及农民经济活动分散、对科技成果的支付和吸纳能力弱等特点，必须加强政府的组织、支持和引导，强化宏观调控和管理，作出前瞻性和全局性的战略措施安排，着力解决制约农业和农村科技进步的机制、体制和政策因素，构建适应形势需要的新型农业科技创新和推广应用体系，把农业和农村经济社会发展转向依靠科技进步和提高劳动者素质的轨道上。

（2）开发农村资源战略

农村资源的合理开发与利用是实现农村现代化的一个重要实践与理论问题，它关系到整个农村经济社会的发展，也关系到人类的生存与生活。农村资源的合理开发与利用对农村经济发展的意义主要表现在合理开发与利用农村自然资源，不断提高自然资源的质量，是农业经济持续发展的重要保证；农村资源的丰裕程度与质量的高低将直接或间接地影响农村食品加工、林木加工、建材、水电、矿产加工、观光、休闲和旅游等事业的发展速度、规模与模式；开发农村资源是解决人口增长与人均自然资源不断减少这一矛盾的需要。

（三）山区经济发展战略

1. 山区经济发展战略的概念

山区经济发展战略是根据对山区经济发展各种制约因素的分析，从山区全局出发制定的一个较长时期内山区经济发展和山区人民生活提高所要达到的目标以及实现这一目标的根本途径和方法。

2. 山区经济发展战略的制定原则

（1）优化效益原则

效益指的是有益的效果。发展经济的根本目的就是收到对人们有益的效果，包括经济效益和社会效益。根据提高经济效益的原则选择经济发展目标和开展经济活动，是制定山区经济发展战略的本质要求。

（2）客观性原则

山区经济发展战略的制定首先要客观地分析山区区情，尊重客观现实。正确认识和评价山区的自然环境、资源特点和社会经济特征，认识本山区的自然经济区域特征，明确本山区的优、劣势，弄清楚山区农林牧副渔、农工商等行业的发展潜力、内在联系和制约性。在此基础上，选择山区的发展方向。我国对北方半干旱的山区县进行规划时曾提出保护性林业、自给性的农业、开发性的畜牧业和系列性的乡镇业的发展方向。由于各山区差异较大，因此具体的发展方向应根据各自的特点来定。例如，东部山区大部分可以林为主，西北山区则宜以牧业为主。

3. 山区经济发展的战略措施

（1）发展特色产品战略

特色产品集中表现在其特殊的优良品质、特殊的使用价值和供给的稀缺程度上。发展特色产品的战略主要应做到①要围绕有优势、有潜力的产品，加大要素聚集力度，加强保护和扶持，提高市场意识、公关广告意识，形成产品开发、产品升级、市场自然垄断的良性循环；②要把关键点放在特色产业的培植上，发展特色经济，产业的专业化整合是关键；③要把支撑点放在特有资源的转化上，没有特有的资源，特色经济的发展便是无源之水、无本之木。资源是稀缺的，这种稀缺性要求对资源进行最合理的开发和利用，用特有的资源生产特有的产品。

因此，应该全面认识和了解山区情况，开发现有资源，挖掘潜在资源，同时要破除就资源论资源、产资源卖资源的自然经济观。没有资源培植资源，已有资源再生资源，使资源生生不息，多次利用，形成新的财源和富源，不断促进山区特色经济的形成和发展。

（2）对外开放战略

山区实行对外开放需要进一步扩大招商引资的力度，大力发展以旅游业为主的商贸流通业，要加大旅游基础设施的建设，改善旅游交通条件，坚持生态旅游、文化旅游、民族风情旅游相结合，以旅游促开放，以旅游促扶贫，以旅游促发展。山区不仅有丰富的矿产、林牧等自然资源，而且有着瑰丽缤纷的自然景观，独特、多彩的民族文化艺术，旅游资源极为丰富，便于开辟民族风情类旅游服务项目，或旅游购物类型的服务。发展山区特色旅游有利于思想观念的改变、科技的交流，有利于交通运输业的发展，饭店、旅店等相关行业的兴起，进而带动整个山区经济的发展。

（3）改善环境战略

改善环境可为发展山区外向型经济创造条件。要在认真落实好上级政策的前提下，制定出适合山区实际情况的具体政策，对出口创汇企业，要从税收、信贷、能源、物资供应、人才分配等方面给予优先照顾，并实行保护价格。同时，还要做好环境建设，改善投资环境。在投资软环境方面，做好外经、外贸人才的培养和引进，加强与海内外的联系和经济技术交流，拓宽利用外资的渠道；在投资硬环境方面，重点做好交通、邮电通信、电力和旅游设施建设，进一步改善对外接待环境，为发展外向型经济创造有利条件。

第三节 生态文明建设与区域经济协调发展及战略

一、核心概念

（一）生态文明

1. 提出

在人类与自然相处的过程中，人类认为自身的能力在于自然之上，就开始对大自然中的自然资源无限的索取，肆意的破坏，使得自然资源和生态环境不断地恶化，当然自然资源也不是任由人类随意践踏的，就开始对人类以报复和惩罚。尤其是20世纪以后，由于人类之前对大自然的种种破坏行为，导致生态环境受到了严重的破坏，给人类的生存与发展造成了严重的威胁。全球都出现了生态环境的危机，由于人类对能源的无节制的开采导致有限的能源出现红色信号；由于人类既对森林乱砍滥伐也不种植新的树木，从而导致树木越来越少了，土地也开始退化，出现大面积的荒漠化；人类对于世界上有限的淡水资源的肆意浪费使得现有的淡水资源也越来越少；由于人类大量使用一些化学物质使得下酸雨的次数越来越多，导致全球变暖的温室效应也开始出现；还由于人类对海洋生物无节制的乱捕以及在乱捕过程中对海洋植被造成一定的伤害，最终使得海洋资源遭到破坏；像洪水、干旱等之类的自然灾害也越来越多。

随着越来越多自然灾害的出现，人类已经认识到关于传统工业的文明是不可以再这样下去了。

一种全新的文明形态构想——生态文明，与以往传统的工业文明相比较，有四个方面截然不同。

（1）在生产方式方面，传统的工业文明追求的仅仅是经济增长，作为衡量社会福利的唯一标志是GDP；而生态文明追求的是经济社会与环境的协调发展。

（2）在生活方式方面，传统的工业文明的质量是低层次需要的满足，消费是过度的；而生态文明提倡的生活质量不是低层次需要的满足，消费是可持续的。

（3）在社会价值方面，传统的工业文明追求的是人是一切的中心，在环境之上；而生态文明追求的是人与自然关系的平衡。

（4）在社会结构方面，生态文明努力实现更高程度的民主，强调包括环境正义在内的社会正义并保障多样性。

生态文明从极端人类中心主义的价值观中走出来了，从文明重建的高度重新确立了人与自然的关系，而人类一种新的存在方式就是人与自然的协调发展。现在正在绿色生态的文明的门槛前站着，即将进入一个崭新的生态文明时代，正在追求人与自然"天人和谐"的境界，这是历史的必然选择。

2. 内涵

生态文明显而易见的是由生态和文明这两个概念构成了一个复合概念。

从狭义上看,生态文明指的是人类特有的对待自然物和自然环境的方式。生态文明跟物质文明、政治文明以及精神文明的地位是一样的,都是一种现实文明形态或者行为准则。生态文明把工业文明合理继承作为基础,对待自然生态环境的态度比以往更加的文明、更加的理智,对生态效益要重视经济发展,对于良好的生态环境要努力保护和努力建设,从而可以使得人与自然的关系得到改善。它强调以人与自然协调发展作为人类社会的一个基本行为准则,并以此衡量人类在处理人与自然关系时所达到的文明程度。

从广义上看,生态文明指的是人类社会在经历"人不敌天""天人合一""人定胜天"之后的一种新型文明形态,从经济、政治、法律、道德、文化等各个层次对人类社会进行调整和变革作出了强调,使人类社会能够同自然生态系统形成协调共存的关系。

奉行生态文明的学者对广义的生态文明概念喜欢得更多一些,指出了工业文明的很多弊端,其中一些极端者对于工业文明的成就都全部不认可,认为工业文明没有什么成果值得我们去继承;而那些奉行科学的学者对狭义的生态文明更倾向一些,也指出了工业文明的很多优点,其中的一些极端者对于工业文明的成就都要全部认可和接受意见继承。对于上述的那些不管是奉行生态文明的学者还是奉行科学的学者的观点,都是不客观的,不理智的。对于生态文明最公正的理解就是对于工业文明产生的所有好的成果一定要认可并且继承,与此同时对那些由工业文明产生的不好的成果一定要克服,生态文明说白了就是对工业文明的那些成果取其精华去其糟粕。

生态文明就是指为了实现经济社会的可持续发展,人类在经济社会活动中,遵循自然发展规律、经济发展规律、社会发展规律、人的发展规律,积极改善和优化人与自然、人与人、人与社会之间的关系中所做的全部努力和所取得的全部成果。生态文明建设是为了维护人类赖以生存发展的生态平衡而把尊重自然作为出发点;用现在的方法来看就是通过科技创新和制度创新来建立可持续的生产方式和消费方式;生态文明的最终目标就是建立人与自然、人与人、人与社会的和谐共生秩序。需要特别强调的是,"人与自然""人与社会"以及"人与人"三者中的"人"的意思是不一样的,"人与自然"

中的"人"指的是一个群体，也就是人类社会；"人与社会"中的"人"指的是个体，也就是人的个体；"人与人"中的"人"指的既不是一个群体也不是一个个体，而是人的统称，也就是指个体的人和群体的人以及代际的人三个层次的人的总称，即主体的人与客体的人的总称。

（二）协调发展

协调发展的内涵是随着经济理论和经济实践的发展而不断将其进行深化的，在不同的阶段具有不同的含义，大致上可以分为四个阶段，分别是经济增长观与协调发展阶段、经济发展观与协调发展阶段、可持续发展观与协调发展阶段、科学发展观与协调发展阶段。

1.经济增长观与协调发展

无论是在古典经济学还是新古典经济学中，国民财富的增长问题简单点说就是经济增长问题，一直都是被重点研究的对象。很多的经济学家都觉得对于我们所生存的整个社会来说，其最大的福利就是每个人追求自身利益最大化的结果，也就是实现经济增长的最大化，而社会福利最大化的状态就是帕累托最佳状态，也就是经济均衡状态。因此，从那以后，我们所说的经济协调发展其实就是经济均衡发展。经济协调发展的决定力量不同、影响因素不同、实现机制不同，导致的政策主张不同，这些使得关于协调经济发展的不同理论形成了一些差别。

2.经济发展观与协调发展

按照以往的经济增长观来看，它们只对产出的增加有所关心。发展经济学把"增长"和"发展"的差别进行了详细的区分。所谓的经济增长，指的是一个国家或地区在一定时期内包括产品和劳务在内的产出的增加，也就是说，经济增长指的是更多的产出和更高的生产能力。而所谓的经济发展，指的是随着产出的增加使得经济结构和社会结构及政治结构发生了变化，这些变化包括投入结构、产出结构、产业结构、分配结构、消费结构、科教文卫、公众参与等在内的变化。由此看来经济增长的内涵就显得比较狭窄，是一个对数量比较重视的概念；与经济增长的内涵相比较，经济发展的内涵所牵涉的范围就比较广了，它是一个不光包含数量而且包含质量的概念。为了让大家对经济发展的内涵有更加清楚的理解，我们以一个正在成长中的孩子作为比喻对象，经济增长就是快速成长中孩子的身高增长和体重增加，经济发展就是快速成长中的孩子伴随着身高的增长和体重增加的同时而出现了知识的增加、涵养的丰富、素质的扩展和能力的提高。因此，经济发展思想中已经包含着"协调"的意思，但是其"协调"的时间主要局限于代内。

3. 可持续发展观与协调发展

可持续发展是指既满足当代人的需要，又不对后代人满足其需要的能力构成危害的发展。这个定义有两方面的强调，一方面强调"需要"，指的是当代的需要和后代的需要；另一方面又强调"限制"，指的是代内的限制和代际的限制。然而现实的情况是可持续发展不单单是指人类自身的发展，还指人类与非人类的共处；这个"人类的发展"也不仅仅指当代人的发展，而是人类的持续发展；不仅是局部人的发展，而且是整个地球人的全面发展。

4. 科学发展观与协调发展

科学发展观，第一要义是发展，核心是以人为本，基本要求是全面协调可持续，根本方法是统筹兼顾。由此可以看出，社会科技、人口、资源、环境、经济、制度、政策等要素所构成的大系统整体协调是科学发展观所强调的内容。

总而言之，协调发展指的就是把实现人的全面发展作为根本目标，并且既要遵循自然发展规律也要遵守社会发展规律还要遵守经济发展规律以及人的发展规律。在此基础上，还要通过三大协议，也就是总系统与子系统之间的协调和子系统与子系统的协调以及子系统内部各构成部分之间的协调，让系统和其内部构成部分之间的关系不断朝着社会整体效益（由经济效益、社会效益和生态效益三部分构成）最大化方向演进的过程。

协调发展具有一些基本特征，具体如下。

（1）协调发展的宗旨就是把人作为中心、实现人的全面发展。关于人的全面发展是指作为每个人的整体的发展而不是指某一方面的发展，是指全体人民的整体发展而不是指某一个的整体发展。

（2）协调发展的基础是既要遵循自然发展规律也要遵循社会发展规律还要遵循经济发展规律和人的发展规律，不仅要遵循上述那些发展规律，还要对那些规律之间的关系有所注意，这样才能更好地使经济协调发展。

（3）协调发展不是指某一部分的协调发展而是整个系统的协调发展，具体是总系统与子系统的协调和子系统与子系统的协调以及子系统内部各个组成部分之间的协调。

（4）协调发展的目标不是追求某个效益的最大化而是包括经济效益和社会效益及生态效益在内的综合效益的最大化，如果只是对某一方面追求效益的最大化将会使经济不能够协调的发展。

（5）协调发展在时空上是一个动态演变的过程，在不同的时空条件下具有不同的表现形式。

（三）区域经济协调发展

区域经济协调发展也是一个合成概念，所以我们不光可以从区域内部方面来对区域经济协调发展进行研究，还可以从区域之间来对区域经济协调发展进行研究。

从区域内部来看，区域内经济发展与社会发展之间不协调是我国现存的主要问题，经济发展与生态发展之间的不协调也是我国现存的主要问题。

为什么会这样呢？其原因主要有两方面。

（1）由于区域内经济发展的速度突飞猛进从而使得社会发展相对来说比较落后，也就是说社会变革和社会事业的发展已经远远落后于经济发展了，于是有了短板效应的出现，最终使社会发展成为短板。由此使得关于社会心态失衡与群体性事件发生。

（2）由于区域经济总量不断得到扩张，而区域生态环境容量却有限，从而使得这一对矛盾暴露了出来。

这对矛盾具体表现主要有三个，具体如下。

①由于在使用资源的时候没有任何的节制，从而使得土地资源和水资源等一些其他自然资源出现不够用的现象。

②由于在开采资源的时候是无限的开采，使用的时候也没有任何节制，从而使得资源开发的总收益与资源开采所引致的环境治理成本不对等，甚至是远远低于开采成本。

③由于在开采资源和使用资源的时候会有大量废弃物以及对环境不好的物质产生，从而使得环境质量出现下降的趋势。

长此以往，区域内有限的环境容量没有办法跟随区域经济的可持续发展的步伐。

为了区域经济能够得到很好的协调发展，我们不仅要关注区域内的协调发展也要关注区域之间的协调发展。区域之间的协调发展就是区域内的人口、资源、环境、经济、社会等各个组成部分之间的相互匹配与协调发展；区域间的协调发展是在区域之间人口、资源、环境、经济、社会各个组成部分的优化配置与协调发展。同样地，为了生态文明建设，不光要从区域内部来看区域经济协调发展，努力谋求各个组成部分之间的协调与和谐，还要从区域之间来看区域经济协调发展，努力谋求区域之间在资源配置和经济发展中的协调与和谐。

（四）战略研究

在经济学中"战略"是经济主体在一定的外部条件下和不确定的环境中，为了实现自身利益的最大化所采取的优化选择、策略部署及其行为模式。

为了能够对战略的概念有更加清楚的理解，我们需要把握住以下四点。

（1）某个微观经济主体既有可能是战略的主体，某个区域政府也有可能是战略的主体，某个国家的中央政府还有可能是战略的主体。如果微观经济主体的企业是战略主体的话，为了企业的发展就需要制订其相应的企业发展战略；如果区域政府是战略主体的话，为了政府的发展就需要制订其相应的区域发展战略，如果中央政府是战略主体的话，为了其发展就需要制订其相应的国家发展战略。

（2）追求自身利益最大化就是战略的最终目标。对于企业来说，它们的目标就是最大可能地追求利润，对于居民来说他们的目标就是最大可能地追求效用，对于区域政府来说，它们的目标就是最大可能地追求区域社会福利，对于中央政府来说，它们的目标就是追求最大可能的既有经济效益也有社会效益还有生态效益在内的综合效益。

（3）在确定的外部条件和不确定的外部条件的基础上来选择适合的战略。有些外部条件是确定的，如国外的某个国家的领土面积是多少、人口是多少。有些外部条件是不确定的，如国外煤矿资源的现存的状况以及其以后的价格是低还是高等。这个时候需要面对确定的外部环境进行和不确定的外部环境来对总体进行判断，从而选出合适的战略。

（4）战略的具体形式是多种多样的。对于企业来说，其战略具体形式可以是把物品降低靠销量赢利，也可以把物品价格抬高；对于区域政府来说，战略具体形式可以根据其优势对资源进行开发；对于中央政府来说，其战略具体形式可以是人才强国,也可以是把就业放在第一位。

我们不仅可以站在生态文明建设战略的角度去研究生态文明建设与区域经济协调发展战略,也可以站在区域经济发展战略的角度去研究"生态文明建设与区域经济协调发展战略研究"。然而这两种都不是客观的,也不是公正的,只有站在生态文明建设与区域经济发展相互影响的角度去研究生态文明建设与区域经济协调发展战略才是最客观、最公正的。

二、生态文明的区域经济协调发展理论与战略构建

(一)生态文明建设与区域经济发展的系统分析

1. 生态文明建设与区域经济发展的系统分析

要想弄清楚生态文明建设和区域经济协调发展之间的内在关系,接下来要做的第一个工作就是了解经济系统与生态系统之间的关系,针对这个问题,我们可以站在两个不同的角度对此进行详细的介绍,也就是简单的生态系统与经济系统之间的关系以及复合的生态系统与经济系统之间的关系。

简单的生态系统与经济系统之间的关系可分为两部分:上半部分有生产者、消费者、商品市场和要素市场,一起组成了一个简单的经济系统,也就是商品简单再生产的经济系统。生产者、消费者、商品市场和要素市场四者之间的关系是要素市场的要素由消费者来提供,而要素市场的要素最后到达生产者那里了;商品市场的商品是生产者提供的,而商品市场的商品最后到达消费者那里了。只要使金融部门增加一些,也就是对其投资的资金多一些,这个时候就可以扩大规模进行再生产;只需要使政府部门多一些,也就是使财税收入和支出多一些,这个时候就有可能出现市场失灵的现象。

下半部分为生态系统。生态系统对经济系统的贡献很大,一边帮助经济系统处理废弃的物质,另一边又把自然资源提供给经济系统。

生态文明建设的提出背景是,经济系统越来越膨胀,而生态系统是有限的,有限的生态系统只能提供有限的自然资源和有限的环境容量。经济系统越来越多地向生态系统获取自然资源并向生态系统排放废弃物,由此,导致超越了生态系统的承载能力。

因此,为了处理好生态系统与经济系统之间的关系,我们需要做两个工作。一个是对于经济系统的行为要严格控制,另一个是对于生态系统的平衡要好好保护。其中,对经济系统的严格控制是由生产者和消费者共同完成

的。对于生产者来说，要做到产业生态化；而对于消费者来说则要做到消费绿色化。对于生态系统的保护是由企业、居民和政府共同作出不同方面的努力：一方面是在企业、居民与政府共同作用下对于资源一定要节约；另一方面是在企业、居民和政府共同作用下对于生态一定要经济化。

生态文明建设与区域经济协调发展包含了两个维度：一个是在纵向维度上，研究的是生态系统同经济系统之间的关系，也就是说怎样以生态文明为导向，协调经济发展与生态保护之间的关系。这样一来既可以说是国家层面，也可以说是区域子系统层面。另一个是在横向维度上，研究的是区域之间的关系，也就是怎样以生态文明建设作为契机和纽带，把区域间经济发展问题给统筹协调起来，区域间的横向协调问题是重点研究的内容。由于很多个中区域可以组成大区域，又有很多的小区域可以组成中区域，这样一来，复合的生态系统和经济系统之间的关系就有很多个层次。

只有满足这两个条件的生态文明建设与区域经济才可以协调发展起来。也就是区域经济子系统必须在区域生态系统的约束下，除了自己的区域以外，任何其他区域的生态都不能被区域经济子系统所占领。出发点都是生态文明，归宿都是使经济系统与生态系统进行协调发展，这些都是两个层面的共同点。

2. 生态文明建设的基本要素

生态文明是由生态产业、生态消费和生态资源以及生态环境四个部分共同组成，缺一不可。更深一步地想，还可以发现使得生态系统和经济系统成为对立的局面，其原因不是科技落后就是制度失灵或者是两者的共同作用。因此，对于生态科技和生态制度来说，一定要依靠它们。对于怎样认识生态系统和经济系统以及它们之间关系的问题，这是一个根本性的问题，就是所谓的生态文化，也可以叫作生态理念，还可以称为生态哲学。所以，生态文明由七个基本要素组成，缺一不可，它们是生态文化、生态产业、生态消费、生态环境、生态资源、生态科技和生态制度。

（1）生态文化繁荣是生态文明建设的精神支柱

生态文明暗示着人类思维方式与价值观念将要发生重大的变化。

一定要把生态文化的繁荣创新作为先导来建设生态文明，来建设中心是人与自然和谐发展理论的生态文化。生态文化既在社会中有所渗透，在经济领域中也有所渗透，在科技领域中有渗透，在法律领域中也有渗透，还在政治领域和伦理领域中有所渗透。

（2）生态产业发展是生态文明建设的物质基础

在经济不断发展的同时给环境造成了一定的破坏，这种情况下就产生了生态产业，与此同时，人类也开始对这样的传统生产方式进行了反思，生态产业也是人类反思的结果。以前仅仅是追求经济效益，现代生态文明要求追求经济效益和社会效益及生态效益三者的综合效益，把人类与其他生物的和谐相处作为生态文明的价值来发展生产力。

（二）生态文明建设与区域经济协调发展的战略构想

对生态文明建设的七个组成部分（生态文化、生态产业、生态消费、生态环境、生态资源、生态科技和生态制度）以及它们之间的关系进行分析之后，我们就清楚地知道，生态文明建设对区域经济协调发展有促进作用的战略主要有六个，分别是产业生态化战略、消费绿色化战略、资源节约化战略、生态经济化战略等目标性战略和生态科技创新战略、生态制度创新等手段性战略。下面对产业生态化和资源节约化这两个战略作详细介绍。

1. 产业生态化战略

关于我国区域经济发展存在着一些突出的矛盾，也就是经济增长快速其容量需求不断扩大，而环境容量却是有限的，还有就是环境容量利用效率相对低下之间的矛盾。那么针对这一矛盾，我们该采取怎样的措施起到缓解的作用甚至是解决这一矛盾呢？从国外很多关于生态文明建设的案例中，我们受到了一些启发：通过实施产业生态化战略，对于产业生态化改造有促进作用。以前的产业活动会对生态环境造成一定的危害，现在对生态环境没有害处还有可能对生态环境有一定的好处，这一转变过程就是所谓的产生生态化。实施产业生态化战略是一个系统工程，必须着力优化产业结构，大力发展循环经济，全力推进节能减排的进行。

2. 资源节约化战略

除了上述的关于区域经济发展与环境容量的矛盾以外，还有经济总量增长快速其容量需要不断扩大，而自然资源的供给却是有限的，还有就是自然资源利用效率相对低下之间的矛盾。怎样形成这个矛盾的呢？无外乎两个原因：一个是人类对自然资源的没有节制的索取，另一个就是向环境排放废弃物，使环境遭到破坏。那么针对这一矛盾，我们该采取怎样的措施加以缓解甚至是解决这一矛盾呢？我们可以从以下两个方面着手：一方面对自然资源的开采和挖掘要减少，从而可以保护生态环境；另一方面就是在进行工业生产的时候，对自然资源能不用就不用，使得排出的废弃物减少，也就减少了环境污染；对于废弃物的来回循环使用，就是对资源的节约和对资源的保护。所谓的资源节约化，指的就是对自然资源要集约式开发利用，对其资源生产率要提高、对资源投入结构要改善，使资源开发利用不产生任何对生态环境有害的物质，也就相当于保护了生态环境，从而保证资源可被持续开发利用。

（三）生态文明建设与区域经济发展战略构想的研究方法

对于生态文明建设与区域经济协调发展的战略构想，是以科学发展观作为指导，不仅运用区域经济学也运用生态经济学的理论和方法，还运用产业经济学、消费经济学、发展经济学、技术管理学、制度经济学的理论和方法。对于国内外最新的研究成果，我们要积极吸收与借鉴，在此基础上可以采用以下六种分析方法，也就是唯物辩证法、系统分析法、文献分析法、比较分析法和定量分析法以及案例分析法，还可以采用其他有效的方法。由于篇幅有限，就不再对每一个分析方法都做介绍了，下面选择唯物辩证法和系统分析法及文献阅读法这三个分析方法作为代表，来对其进行详细的介绍。

1. 唯物辩证法

关于自然、社会和思维的最一般规律的科学就是唯物辩证法，普遍联系的观点和永恒发展的观点是唯物辩证法的基本特征。对生态文明建设与区域经济协调发展战略的研究来说，最高层次的方法论就是用联系的观点、发展的观点看问题。

2. 系统分析法

研究系统的一般模式和一般结构以及一般规律最新兴起的方法就是系统分析法。不光生态文明建设是一个系统工程，区域经济发展也是一个系统工程，生态文明建设对于区域经济的协调发展不仅具有促进的作用，还是一个系统工程，不仅仅关于总系统与子系统的关系也关于甲子系统与乙子系统的关系。根据系统分析法，不仅把四大目标性战略和两大手段性战略给构造出来，而且把区域内产业生态化和区域间产业生态化的基本思路给提了出来，并且把分层次的综合评价指标体系和单个的评价指标体系给构建出来。

3. 文献分析法

要想对工作的起点和基础进行研究，就要对文献进行阅读。至于文献阅读和文献分析的意义就是查阅了文献之后，对你所要研究的某个领域状况以及存在不足的地方进行了解，就可以把前人的研究作为基础，再把这个理论往更深一步研究。关于生态文明建设与区域经济协调发展战略研究的直接相关文献不是太多，但是，与该选题有所关联的专题文献却非常多。

三、区域经济范围内工业发展的区域利益协调

（一）生态职能区划与生态补偿主体的确定

1. 生态职能区划

生态职能区划作为一种横向经济区划，为生态补偿主客体的确定提供了一个很好的思路。我们将在阐述生态职能区划的内涵、类型等基本问题的基础上，进一步阐明生态职能区划对于区域生态补偿的重大意义。

（1）生态职能区划的概念与内涵

目前对于生态职能区还没有相关的阐述，与之接近的概念有生态功能区划、行政区划，但是差异还是比较大。生态职能区是生态职能区划的核心，因而首先应当对生态职能区进行定义。生态职能区是指以生态系统的保护和恢复为目的，打破行政区划界限，形成区域横向协调机制，有效行使政府生态职能的功能性区域。而生态职能区划是一个基于生态职能的区划，其目的是促进生态保护和政府生态职能的实施，依据的是生态系统和行政区划的差异与联系。基于以上考虑，可将生态职能区划定义如下：生态职能区划是指根据生态服务功能空间分异与联系规律、区域分异与关联规律，将国土空间划分为不同的生态职能区。其目的是打破条块分割的部门管理体制，厘清生态系统中各政府的责任和权益，确保政府生态职能的有效行使，保护生态环境，维护环境公平和社会公平，促进区域协调，实现区域经济、环境和社会的协调、可持续发展。

（2）生态职能区划的内容

第一，生态职能区划将生态系统的保护与恢复和政府的生态职能结合起来。既是政府职能转变的需要，也是生态环境保护的需要。若能保护生态环境，实现生态资本增值，不仅能实现人与自然和谐相处，也为经济社会的

发展带来持久的生态支撑力,最终实现经济、社会和环境的全面、协调可持续发展。

第二,生态职能区划以生态服务功能空间分异与联系、区域分异与关联规律为依据,更偏重联系。由于区域之间存在物质流、能量流和信息流的联系,并由此导致区际之间生态服务功能的空间流转。生态职能区划不仅注重生态服务功能和区域在空间上的差异性,将其分成不同类型的生态职能区,还注重区域生态系统之间的内部联系,尽最大可能保留这种联系,使之统一在一个生态职能区中,以便区域内部的横向沟通和协调,达到区域生态系统的共建共享。

第三,生态职能区划是一个混合性区划和引导性区划。这意味着生态职能区划兼有类型区和功能区的性质,不只停留在对区划的认知,还要对其内部活动进行引导。

第四,生态职能区划是一个宏观性区划。这意味着生态职能区对国土空间进行划分,是从宏观层面上对生态系统保护和政府生态职能目标实现的引导和调控。

2.生态职能区划的类型

区划的标准和方法不同,划分类型和结果也不一样。借鉴"核心—边缘"模型及自然保护区中的"核心区—过渡区—实验区"模式,可将生态职能区分为生态核心区、生态辐射区囯、生态边缘区三大类型。

(二)区域生态补偿主体的确定

1.生态职能区划与区域生态补偿

生态职能区划可作为区域生态补偿的区划基础,对于区域生态补偿的实施起着指导性作用。

第一,生态职能区划有利于识别区域生态补偿的利益相关方。

第二,生态职能区划有利于实现区域生态补偿的内部化。

第三,生态职能区划有利于区域生态补偿的横向协调。已有的生态补偿政策大多是纵向上的政府财政转移支付或者小范围区域的市场化探索,对于跨区域的生态补偿还没有形成一种有效的协调机制进行横向协调。生态职能区划以生态保护和修复为目标,打破行政区划限制,有利于区域间政府相互协调,变竞争者为合作者,也有利于形成区域生态系统的共建共享机制。

第四，生态职能区划有利于区域政府生态补偿工作的开展。就目前来说，各级政府仍然是生态补偿的最主要利益相关方，生态补偿工作主要还是要依靠政府来开展，不管是促成横向的生态补偿协调机制，还是督促辖区内企业及公众的生态活动，即便是促成碳权、水权等交易平台的建设和管理，都需要政府在其中发挥积极的作用。而生态职能区划将生态保护和修复与政府的生态职能结合起来，有利于强化政府的生态责任意识，有利于政府正确认识辖区内的生态状况和自身定位、积极推进生态建设，从而有利于区域生态补偿工作的开展。

此外，生态职能区划是一个宏观性区划，以目标管理为主，将自然区划、行政区划、生态功能区划有机结合，具有操作上的可行性。因而对于难以界定的生态补偿主客体问题，将会是一种新的解决思路。

2. 生态职能区划与区域生态补偿主体的确定

一般来说，国家、地方政府、社会及自身是区域生态补偿的主体。国家补偿和自力补偿主体明确，比较容易实施，但是区域间补偿则比较难实施。目前的区域生态补偿机制缺乏区域间的协商机制和沟通交流平台，由于缺少行政区域间的"中间人"对利益相关方之间的矛盾进行调和，因此行政区域间自发性生态补偿协议的达成和相关矛盾的解决显得非常困难。

生态职能区划不仅为区域生态补偿的主体确定提供了依据，还明确了各类型区域政府的生态责任。生态核心区主要承担生态保护和修复的职能，生态辐射区主要承担生态服务付费的职能。区域内的政府应当把重心放在经济、社会发展上，同时保护好本区域内的生态环境。生态辐射区主要提供物质产品，用于交换生态核心区的生态服务产品（即付费）。

除了政府之外，所涉及区域生态补偿的主体还包括区域的企业、居民户等所有经济主体，并且在补偿中的地位、作用、经济利益关系不一样。如果引入第三方，还包括金融机构、非政府组织、环境评估机构等。这些主体是区域生态补偿中的微观主体，在政府的引导和监督下参与区域生态补偿。虽然生态职能区划中的各区域政府也可以作为生态补偿的微观主体，但是代表的是本区域的公共利益和诉求。

第六章 低碳经济发展与产业结构调整

第一节 低碳经济的发展重点

低碳经济转型就是由粗放的高能耗、重污染的发展模式转向更加有效利用资源、环境更加友好和更加公平的经济发展模式，实现人与自然的和谐发展。

一、低碳经济发展的实质与目标

金融危机以后，联合国环境署（UNEP）将绿色经济作为经济振兴的重要内容。随后 UNEP 在肯尼亚内罗毕发布《绿色经济报告》。报告指出，从现在起至 2050 年，每年将全球国内生产总值的 2% 约 1.3 万亿美元投资于农业、建筑、能源、渔业、林业、制造业、旅游业、交通等 10 个主要经济部门，将为经济发展注入新动力，还将催生大量的就业机会，对消除贫困至关重要，同时可减少气候变化、水资源短缺等方面的风险，并推动全球向绿色低碳经济转型。[①]

（一）低碳经济发展的实质在于"脱钩"

"脱钩"这一术语已出现在许多领域，其基本含义是：不同要素随着时间的变化，增长率出现分离。"脱钩"的概念运用到经济发展中特别是可持续发展的语境下，大致包括两个方面：一是资源脱钩。随着以 GDP 表征的经济发展，自然资源投入强度逐步降低，资源利用效率不断提高；表现在增长曲线上，即资源利用总量增长曲线斜率开始小于经济增长曲线的斜率。二是环境影响脱钩。也就是说，随着经济发展，污染物排放总量增长减缓，单位国民生产总值排放的污染物强度下降，经济发展的不利环境影响减少，

[①] 联合国环境规划署公布《绿色经济报告》[J]. 浙江林业，2011，（第 3 期）：34.

环境质量得到明显改善并产生较好的生态环境效益,居民生活在良好的环境中,幸福指数得到不断提高。

生产和消费如何才能"脱钩"呢?资源与环境日益成为关乎人类生存的大事。随着技术的进步、可替代资源的出现,资源供给和使用效率的提高已经成为可能。当然,资源仍然在被过度消耗,浪费依然随处可见。在人们购买和消耗的物资中,绝大多数的产品根本没有做到物尽其用,很多产品经一次使用后就被弃置。是否有一种方式可以使人们能够更节约、更合理地生产与消费呢?国内外科学家进行了大量研究,提出了2倍、4倍、5倍、10倍因子理论,有人甚至提出了20倍因子的假说。

德国环境、能源、气候研究所的人员在《四倍半的资源消耗创造双倍的财富》中,提出了提高资源效率以较少资源创造更多财富的途径。该书强调的核心是资源效率,即更加有效地利用资源,以更少的资源消耗获得更好的生活质量。作者在书中列举了50个令人鼓舞的4倍跃进的效率革命的例子,从日常家庭生活消费方式到办公方式,从农业到制造业和运输业。[①] 提高资源效率需要全面变革,创新性地设计生产——低碳经济理论与发展路径方式、分工方式、消费方式,正确理解人类进步的程度和生存的质量。值得深思的是,生活得更好并不意味着就要增长得更快,而要想生活得既好增长得又快,就必须遵循与环境共适、与发展共进的生产与生活的途径。英国提出的"没有增长的繁荣",可看作人类用更少的资源获得更多增长的探索。

为回顾里约环境与发展会议以来的进展,UNEP组织专家开展了一系列研究,经济发展与资源环境脱钩就是其中之一。通过对东亚、非洲等区域性经济体发展的分析,提出了"脱钩"的途径,并将绿色经济作为未来经济发展的模式加以推进。

(二)低碳经济发展的目标是提高碳生产率

碳生产率,用经济学的语言表述就是同样的产出比过去排放更少的碳,或者同样单位的碳排放比原来有更多的产出,这也是排放权交易追求的目标。现实中发达国家碳生产力较高的一些企业,一个单位的碳排放可以产出较多的国民生产总值。反过来,凡是碳生产率高的一些国家、地区或者企业,

---

[①] 蔡今.缩小差距的新机遇:《四倍跃进——一半的资源消耗创造双倍的财富》的启示[J].科技导报(北京),2001,(第6期).

减排的成本也高。因此，碳排放权交易市场发展的结果应该是，碳生产率较高的地区或企业可以排放较多的碳，而不是每个人排放同等的碳。

二、中长期发展情景与我国的战略选择

国内外不少机构进行了我国中长期发展情景的研究。麦肯锡的研究以各类减排措施或减排技术的大规模采用为假设前提。事实上，一项措施或者减排技术是否能切实地得到实施，受到诸多因素的影响。

（一）中长期预测的前提与分析思路

许多科学家和决策者都认为，把全球平均温度上升幅度控制在与工业化前相比不超过2℃的水平是一个重要目标。为实现这一目标，2005~2030年期间，要将排放量减少35%~50%。同一时期的世界经济增长将超过一倍，即全球碳生产率要提高差不多3倍，相当于全球碳生产率的年增长率从"一切如常"情景的1.2%提高到5%~7%。[①]

1. 情景分析框架

开展对我国的中长期研究，一般采用情景分析方法。大致思路是：2050年达到中等发达国家水平时的中国能源供需情况；在充分考虑未来中国经济社会发展的内、外部条件变化及其对能源需求影响的前提下，设置不同的能源消费和碳排放情景；借助相应的模型工具，采用定量计算与定性分析相结合的方法，研究在实现既定目标的前提下，不同的政策选择对能源需求的影响，进而推测可能的碳排放情景。

具体研究路径为：第一，从解释既定的经济社会发展目标入手对城市化、工业化、经济增长模式和路径、资源可获得性、技术进步等因素进行诠释，设计不同的能源需求及碳排放情景；第二，借助能源系统分析工具，从部门角度探讨不同情景下的终端能源需求；第三，针对优质能源的可获得性、可再生能源商业化利用进程等因素，分析满足终端能源需求的一次能源可能的供应路线及相应的二氧化碳排放量；第四，探讨低碳发展路线图以及相关的战略和政策选择。各部门经济发展与产品产量的关联、各部门相互关联，通过可计算的一般均衡模型（CGE）进行耦合，通过AIM模型进行终端能源需求分析。

[①] 程钰，孙艺璇，王鑫静，尹建中. 全球科技创新对碳生产率的影响与对策研究[J]. 中国人口·资源与环境，2019，（第9期）：30-40.

中国能源需求将快速增长，油气等优质能源需求的增速更快，碳排放将进入"快车道"。在基准情景的基础上，依据IPAC模型组的中长期情景研究，参考IPCC第四次评价报告中不同情景分析结果与稳定的浓度目标，并根据未来能源需求和碳排放密切相关的几个主要因素，有关研究设计了三个情景探讨中国的低碳发展道路。

第一个情景为节能情景。即已考虑当前节能减排（主要是指二氧化硫、化学需氧量等污染物减排），不特别采取针对性气候变化对策措施。这是未来很有可能发生的能源需求与碳排放情景。在该情景中，经济发展方式转变受到高度重视，当前的节能减排政策会延续下去，经济社会与能源、环境之间处于"平衡偏紧"状态。随着综合国力的提高，虽然技术投入加大，技术进步进展较快，但生活方式和消费模式并没有发生根本性转变。

第二个情景为低碳情景。即综合考虑经济社会的可持续发展、能源安全、国内环境和低碳之路的要求，在强化技术进步、改变经济发展方式、改变消费模式、实现低能耗、低温室气体排放等方面作出重大努力的能源需求与碳排放的情景。情景设想在经济发展方式、能源结构优化、节能减排技术乃至生活模式引导方面均有重大改观，经济社会发展与能源、环境之间达到较和谐的状态。

第三个情景为强化低碳情景。主要考虑在全球一致减缓气候变化的共同愿景下，中国可以作出进一步贡献。设想一下相关场景，在世界各国共同努力下，技术进步将进一步强化，重大技术成本下降更快，发达国家将给发展中国家技术和资金的全力支持。有鉴于2030年之后中国综合国力的提升，可以进一步加大对低碳经济的投入，更好地利用低碳经济发展机会促进经济社会发展。中国在一些领域的技术开发方面世界领先，如清洁煤技术和二氧化碳捕获与封存（CCS）技术，可使CCS技术在中国得到大规模应用。

2. 减排情景的情景分析及其主要结论

IPCC第四次评价报告中给出未来不同稳定浓度情景下的排放目标，第一类的二氧化碳当量浓度在 $445 \sim 490 \times 10^{-6}$ 之间，可能升温 $2.0℃ \sim 2.4℃$，2050年排放量比2000年减少50%～85%。第二类的二氧化碳当量浓度在 $490 \sim 535 \times 10^{-6}$ 之间，可能升温 $2.4℃ \sim 2.8℃$，2050年排放量比2000年减少30%～60%；第三类的二氧化碳当量浓度在 $535 \sim 590 \times 10^{-6}$ 之间，可能升温2.8℃，2050年排放量比2000年减少30%到增加5%。①

这是国际模型研究组以及国际合作研究中采用较多的三类情景。下面综合了国内外的相关成果，侧重于发展战略和思路，而对能源消耗和温室气体排放预测数据并未给予过多的重视，因为预测数据有不确定性。根据情景分析和模型计算结果，中国环境与发展国际合作委员会课题组、国家发改委能源所课题组、中国科学院课题组等进行的研究得出许多有益结论，在此选取其中的一些加以介绍。

（1）实现既定的经济社会发展目标，能源需求总量将成倍增长

城市化水平的攀升、城市基础设施的完善、人民生活条件的改善、居民住房面积和汽车保有量的不断提高，都离不开高耗能产品的累积和能源消费的支撑。无论采取什么样的发展路径，在未来三五十年内完成工业化和城市化，实现既定的经济社会发展目标时，中国能源需求总量成倍增长将是不争的事实。

在节能情景中，2050年中国能源需求总量将达到67亿吨标准煤，是2008年能源消费总量的2.3倍，人均能源消费从2008年的2.1吨标准煤提高到2050年的4.6吨标准煤。在低碳情景下，2050年中国人均能源消费量为3.4吨标准煤，这一数值比目前世界能源效率水平最高的国家还低。即使如此，到2050年时中国能源消费总量也要高达50.2亿吨标准煤，是2008年的1.8倍。②

中国实现工业化过程中的二氧化碳排放累积量要低于多数发达国家。当2035年左右中国全面完成工业化时，人均累积二氧化碳排放量可控制在220吨以内甚至更低。当然，作为一个国土面积广、人口基数大、发展基础差、为全世界提供大量产品的国家而言，若以这么低的人均累积排放水平基本完成工业化和城市化，必须付出艰苦卓绝的努力才可以实现。

（2）现有经济增长方式难以持续，必须寻求突破

21世纪以来，我国经济发展主要以依靠投资和外需拉动、高耗能为主的工业部门迅速扩张为特征。在经济发展取得举世瞩目成就的同时，也付出了巨大的资源环境代价，这种经济增长方式难以持续，一旦外需萎缩，经济

---

① 气候：IPCC完成第四次评估报告发布[J]. 财经杂志, 2007, (第24期): 145-145.
② 廖华, 向福洲. 中国"十四五"能源需求预测与展望[J]. 北京理工大学学报（社会科学版）, 2021, (第2期): 1-8.

发展就会停滞。

中国钢铁产量、水泥产量已多年居世界第一，占世界总产量的40%以上，再成倍增长几乎已无可能。到2050年达到中等发达国家水平，不可能主要仅依靠高耗能产业。

即使按基准情景，如果2050年达到中等发达国家水平时人均能源消费量比当今世界能源效率最高的国家低10%，中国能源消费量高达78亿吨标准煤，对国家能源安全乃至经济安全将是一个很大的隐患。不仅国内资源难以支撑，还会对全球温室气体减排带来巨大压力，并且如果届时的能源消费达78亿吨标准煤且结构不变，温室气体排放将达170亿吨，占全球排放总量的60%左右。即使中国2050年做得比目前能源效率最高的国家还要好，仍然难以呈现可持续发展的态势。

因此，我国必须改变依赖高耗能产业发展的现状，寻求新的经济增长点，切实走出一条可持续发展的道路。传统工业的产业升级、高新技术产业的加快发展以及现代服务业比重的提高，特别是加快以低碳为主要内容的低碳产业发展，是中国国情下的必然选择。

（3）重点是选择合理消费模式、优化结构、提高能效、发展低碳能源

中国的绿色低碳发展道路既不能只顾能源忽视经济社会转型，也不能只顾生产忽视消费的合理引导，而是必须抓住尚处于发展过程中的契机，提前规避不合理的经济社会发展模式导致碳排放的"路径依赖"和"锁定效应"，在工业化、城市化加速发展阶段提前考虑低碳排放的要求。中国若想走绿色低碳发展道路，必须在以下几个方面努力。

①控制能源需求的快速扩张，形成合理的消费模式

不合理的消费不仅会浪费大量资源，还会增加生产的盲目性，增加二氧化碳排放。因此，需要引导合理消费，包括鼓励小户型住宅、改变依赖小汽车出行的习惯等。

②形成高效节能的生产和消费结构

满足同样的需求，既可以分散供应，也可以集约供应；生产同样的产品，既可以采取从原料到产品的一次性生产方式，也可以采用循环型生产方式。与前者相比，后者的能源利用效率更高，二氧化碳排放更少。优化结构包括：加快发展地铁等公共交通，推广集中采暖，尽快推广以废钢铁为原料的短流

程生产工艺等。

③建设低碳高效的能源工业

用低碳能源替代高碳能源，是中国能源低碳发展的必然选择。能源工业低碳化的途径包括加快发展新能源和可再生能源，迅速提高可再生能源的比重，加快发展二氧化碳捕获与封存技术等。

④加快技术研发和创新，提高终端用能效率

我国必须加快能源利用的效率，加快赶超世界最先进水平。可以通过立法规定汽油车油耗水平下降目标，制定更严格的空调器、电机系统能效标准等。

（4）碳减排重点要从以工业部门为主转向工业、建筑和交通行业并举

以前我国是能源消耗和排放的第一大户。随着工业化的逐步完成和循环经济的加快推进，冶金、建材等高耗能行业可以做到"产值增加、二氧化碳排放不增加"。伴随着工业部门内部结构的调整以及工业部门内部充分挖掘节能潜力，工业能源消费量和二氧化碳排放增长速度将减缓。另外，随着居民消费结构逐渐转向"住"和"行"阶段，商用和民用、交通部门的能源消耗和碳排放将快速增长。到2050年，在强化低碳情景下我国终端能源消费部门的二氧化碳排放结构，将接近目前发达国家的工业、建筑和交通，各占1/3左右的水平。因此，节能减排的工作推进重点应相应地从工业逐步向工业、建筑和交通行业并举延伸。

（5）温室气体减排离不开世界各国的通力合作

中国的低碳情景是一条史无前例的低碳发展道路。尽管我国可能会在应对气候变化方面作出重要贡献，且21世纪中叶时的人均累计排放可能还低于发达国家，但如果届时发达国家人均排放大大低于全球平均水平，而中国人均排放略高于世界平均水平，中国依然可能面临着很大的减排压力。

（6）选择绿色低碳发展道路的风险及其不确定性

中国未来要真正走出一条绿色低碳发展道路，还存在着诸多风险和不确定性。第一，认识转变的不确定性。认识决定未来，态度决定成败。只有认识到位，人类行为才有可能发生实质性的改变。20世纪末联合国《21世纪议程》提出改变高消费惯性、形成可持续消费模式，但并没有取得可以推广的成功经验。况且，协调靠需求拉动的市场经济与强调节约型的生活方式

在经济学上尚未形成理论基础,因此在实践上存在更大的不确定性。

第二,科技创新和技术转移的不确定性。低碳发展离不开先进技术的支撑。能否在低碳科技方面加大投入力度,并将低碳研发成果转化为成熟产品,取决于我国实现低碳发展的技术可行性。此外,发达国家能否将先进的低碳技术尽快转移给发展中国家,帮助发展中国家尽早实现温室气体减排,也存在较大的不确定性。

第三,资金支持的不确定性。资金是实现低碳发展的保证。在节能和高能效技术、可再生能源技术、CCS 技术的开发投入和商业化,投入力度将决定发展前景。我国实现低碳发展每年要增加 1 万亿元人民币甚至更多的额外投资。如何筹措资金、保证资金来源的稳定性以及协调国内外资金的投向和高效利用等,尚存在很大的不确定性。

第四,外部环境的不确定性。目前中国在利用国际优质能源、引进国外先进技术、开发水电、核电时经常遭遇误解,在金融危机的影响仍然存在的情况下各国贸易保护回潮,我国遭受"双反"(反倾销和反补贴)调查增多。如果这方面的问题不能得以解决,将影响我国的低碳能源发展道路。

(二)温室气体的减排潜力与成本

麦肯锡研究认为,到 2030 年,人类有潜力将温室气体的排放水平在 1990 年排放水平的基础上降低 35%,或者相对于 2030 年的"一切如常"(BAU,如果全世界不共同努力去遏制目前及将来的温室气体排放)的排放水平,有潜力将排放量减少 70%。

1. 不同的减排措施及其潜力

到 2030 年,减排措施主要有提高能效、低碳能源供给、陆地碳汇(林业和农业)和改变消费行为等途径。其中,前三个途径属于技术性减排措施,到 2030 年相当于每年 700 亿吨二氧化碳当量的"一切如常"的减排量,总计可达每年 380 亿吨二氧化碳当量。第四个途径是改变消费方式。在乐观情形下,到 2030 年通过改变消费方式可另外获得每年 35 亿~50 亿吨二氧化碳当量的减排量。

对电力部门的设想是,低碳发电技术(如可再生能源发电、核能发电和 CCS 技术)在全球电力生产中所占的份额从 2005 年的 30% 上升到大约 70%。

对交通运输业的假设前提是，在 2030 年前能销售 4200 万辆混合动力汽车（包括充电式混合动力汽车）——这一数字将占所有售出新车的 40%。

对林业部门的设想是，到 2030 年前少砍伐 1.7 亿 hm²（相当于委内瑞拉土地面积的 2 倍）的森林，在 3.3 亿 hm² 目前贫瘠的土地（相当于印度的大部分土地）上植树造林。[①]

改变消费方式的措施和途径包括：减少公务和私人旅行，从坐汽车转向坐火车，接受室内温度的更大变化（减少冷暖气的使用），减少家电使用及减少肉类消费，等等。

只有所有地区和部门均最大限度地挖掘减排潜力，才能实现多个途径的预期效果。由于各个部门和地区的减排潜力参差不齐，这就要采取全球跨部门的减排行动，无论由谁为这些行动埋单都得这么做。如果任何一个重要部门或地区的减排行动不力，即使其他部门或地区付出很高的减排代价，也只能部分地弥补这一效果。

2. 不同减排措施的成本

如果把全球变暖二氧化碳减排控制在 2 吨以内，行动的时间就极其重要。麦肯锡研究显示，如果全球减排行动从 2020 年开始，即使实施成本更高的技术性减排措施且消费行为也发生改变，实现温室气体浓度为 550×10^{-6} 的稳定排放的轨迹也将极具挑战性。延迟行动时间意味着温室气体排放将按照"一切如常"的发展模式而不是减排模式继续增长。在一些经济部门（如建筑、电力、工业和交通运输等）建设高碳的基础设施，未来几十年里会被锁定在较高的能源使用水平上。各个经济部门碳密集型基础设施的有效生命周期平均为 14 年。延迟行动一年将丧失 18 亿吨二氧化碳当量的减排机会，加上锁定效应，二氧化碳峰值浓度将比预期升高 5×10^{-6}。

麦肯锡研究显示，减排带来的能源节约效益大致可以收回投资。如果全世界按照从低成本到高成本的严格顺序，即采用比现实生活中更合理的经济方式，成功地执行成本曲线中的每一项减排措施，到 2030 年，理论上平均减排成本应是每吨二氧化碳当量 4 欧元，实现整个成本曲线的总成本将大约是 1500 亿欧元。通常估计，减排每吨二氧化碳当量的交易和规划成本平

[①] 欧高敦. 麦肯锡 2020 年中国经济展望[J]. 发现, 2020, (第 1 期): 9-14.

均为 1～5 欧元；对 380 亿吨二氧化碳当量减排机会而言，交易和规划总成本为 400 亿～2000 亿欧元。到 2030 年全球每年的总成本 2000 亿～3500 亿欧元，这一结果也存在不确定性：其一，成本曲线是一个非常乐观的假设，即可减排机会能从左到右被有效地利用；其二，大规模的减排计划在经济活动中有明显的动态变化，既可能增加成本，也可能降低成本，这取决于如何执行计划。而这些因素在成本分析中并没有考虑进来。[①]

（三）低碳产业的框架与低碳经济转型

发展低碳经济必须落实到低碳产业上，否则就会成为一句口号或空话。从严格意义上说，低碳产业并没有现成的或统一的界定标准，正如低碳经济没有共识一样。因此，研究低碳产业的划定标准本身就是一个需要认真研究的话题。这里的低碳产业，主要是指同样经济活动排放更少二氧化碳的产业，覆盖化石能源低碳转化和高效利用、可再生能源开发利用以及低碳服务业三大类。

在这三类低碳产业中，化石能源的高效转化与低碳利用又可以细分为以煤炭为代表的传统能源的洁净利用和低碳利用、节能等和可再生能源的开发利用。如果说传统产业的低碳经济转型是重要内容的话，那么产业结构升级也可以起到降低单位 GDP 排放的二氧化碳强度目标，而且是更重要的途径。

中国环境与发展国际合作委员会（简称国合会）给出了中国低碳经济发展路线图框架，其中包含五个支柱：绿色低碳工业化、低碳城市与交通、低碳能源与结构、优化土地利用和增加碳汇以及可持续消费模式。技术创新、市场机制和制度安排则是发展低碳经济的重要基础。

增加碳汇提高对温室气体的吸收也是减排的重要途径。增加碳汇有森林、耕地以及草地三个领域，每个领域有三种途径，即增加碳库贮量、保护现有的碳存和碳替代。

1.增加森林碳汇

森林碳汇是最有效的固碳方式，我国每年增加的碳汇量也是十分庞大的。为进一步增加碳汇，应通过造林和再造林、退化生态系统恢复、建立农

[①] 麦肯锡咨询."灯塔"之光：第四次工业革命赋能全球可持续发展[J].机器人产业,2021,（第 5 期）：103-108.

林复合生态系统、加强森林管理等方式，以提高林地生产力、延长轮伐时间，增强森林碳汇；通过减少毁林、改进采伐作业措施、提高木材利用效率以及更有效的森林灾害（如火灾、病虫害）控制来保护森林碳贮存；通过沼气替代薪柴、耐用木质林产品替代能源密集型材料、采伐剩余物回收利用、木材产品深加工、循环使用等，多途径、全方位地实现碳替代。

2. 增加耕地碳汇

耕地土壤碳库是陆地生态碳库的重要组成部分，也是最活跃的部分之一。我国农田土壤有机碳含量普遍较低。因此，增加或保持耕地土壤碳库的碳贮量有很大的潜力。

3. 保持和增加草地碳汇

关键在于防止草原的退化和开垦。具体措施包括：降低放牧密度、围封草场、人工种草和退化草地恢复等。另外，通过围栏养殖、轮牧、引入优良的牧草等畜牧业管理，也可以改善草地碳汇。

4. 湿地固碳也很重要

湿地是地球之"肾"，是一个比较活跃的生态系统，与大气圈、陆地和水圈的绝大多数地球化学通量联系。由于水分饱和及厌氧的生态特性，湿地积累了大量无机碳和有机碳。湿地是全球最大的碳库，储存在泥炭中的碳占全球陆地碳储量的15%。湿地也是温室气体的重要释放源，要尽可能地避免使碳汇变成"碳源"。因此，建立湿地公园，恢复湿地，利用湿地处理污水，均可以起到增加湿地碳汇的作用。

综上所述，中国作为世界上最大的发展中国家，将发达国家100多年的工业化过程压缩到一个较短时间内，走出了一条快速工业化道路。面对全球减排温室气体的新环境，中国不可能再走发达国家先污染后治理的老路，而要依据基本国情，借助知识和技术的创新和支撑，走出一条具有新时代特征的跨越式发展之路。

三、减排技术与政策扶持

技术路线图是应对气候变化研究的重点领域之一，因为低碳技术是一个国家或地区未来核心竞争力的重要标志。发展低碳经济，技术进步是决定因素之一，不仅因为碳生产率取决于技术水平，技术创新还可以为节能减排和低碳目标的实现提供强有力的支撑，同时技术创新、发展、扩散和大规模应用又需要制度安排和政策创新的保证。

（一）技术路线图与关键技术

实现中长期控制温室气体排放的目标，现有的和前瞻性技术研发部署与应用至关重要。因此，明确重要技术领域、识别关键技术的发展路径、探索技术创新的政策保障、合理规划技术路线图，是探索中国特色低碳之路的重要保证。

1. 技术路线图的研究方法

技术路线图研究主要采用两种方法，一是以模型情景分析为基础，二是以技术预见为基础。前者是在对低碳技术特性和潜力分析基础上，通过模拟不同情景下政策措施和技术发展风险对未来能源消费和温室气体排放产生的不同影响，甄别技术发展中的关键问题并提出建议。重点是探索实现不同升温目标下的排放水平、低碳技术的部署/应用水平以及实现此种情景的政策措施和资金投入。后者则是在综合考虑自然资源条件、保障能源安全需求和社会经济可持续发展的前提下，以科技发展现状和技术预见结果为主要依据，得出关键技术的发展目标和实现路径。

（1）以模型情景分析为基础的路线图

此类技术路线图强调技术对温室气体减排的潜力和重要性。模型一般分为两类，"自上向下"模型和"自下向上"模型。"自上向下"模型（如可计算一般均衡模型，CGE）并不对技术进行描述，而是从宏观上讨论技术进步的作用。"自下向上"模型对某项技术变化的描述更为具体并进行技术的生命周期分析。国际能源署（IEA）开发的能源技术前景模型（ETP模型）中包括1000余项技术，能源研究所开发的IPAC-AIM技术模型覆盖42个部门的500多项技术。

IEA发布的能源科技路线图，反映了全球低碳技术的发展方向。较激进的"BLUE系列情景"研究结果表明，如果实现2050年二氧化碳减排50%目标，要应用那些处于研发阶段、仍有不确定性的技术，2050年全球所需的额外投资在45万亿美元以上。IEA（2009a）依据"BLUE系列情景"研究，给出了碳捕获与封存（CCS）、水泥、电动汽车（EV）、太阳能光伏（PV）

和风能等关键领域的技术发展路线图。①

（2）以技术预见为基础的路线图

国家科技路线图多以技术预见为基础，按照"国家目标—战略任务—关键技术—发展重点"框架编制，主要包括以情景分析法研究经济社会发展目标；用德尔菲法等方法开展技术预测，收集一线专家对未来技术发展的意见；采用数据追踪等方法对文献、专利数据库进行挖掘。中国科学院能源领域战略研究组的钱祖（2008）以我国技术预测数据为基础，列出了节能减排关键技术清单，每个技术群由若干发展重点组成；再按照技术在市场上首次应用时间，综合考虑技术研发基础与国外先进水平的差距和技术发展路径，绘制了我国节能减排技术路线图，但尚未覆盖尚处于基础研究阶段、在未来有重大减排潜力的技术。②

中国科学院多位专家组成的能源战略研究组，按照"能源发展需求—重要科技问题—重要技术方向—重要技术方向路线图—创新能源技术总体部署—保障体系建设"的逻辑构架编制了"中国至2050年能源科技发展路线图"，识别出10个重要技术方向和发展路线图，包括高效非化石燃料地面交通技术、煤炭的洁净和高附加值利用技术、电网安全稳定技术、生物质液体燃料和原材料技术、可再生能源规模化发电技术、深层地热工程化技术、氢能利用技术、天然气水合物开发与利用技术、新型核电与核废料处理技术以及具有潜在发展前景的能源技术。③

2. 关键技术

关键技术领域包括清洁能源（主要指电力）、交通运输、建筑和电器以及工业。由于技术的不确定性，先进技术的研发和应用存在延迟或失败风险，包括CCS、新一代生物燃料、可再生能源规模化应用、纯电池电动汽车以及以低碳方式生产水泥和钢铁等均是如此。因此，低碳技术的战略选择应面向一系列关键技术组合，以保证能源安全和减排目标的可选择性，并使国家低碳技术发展战略调整成为可能。

---

① 宗柳. IEA发布《全球能源回顾：2021碳排放》报告[J]. 世界石油工业，2022，（第3期）：80.
② 钱祖. 我国节能减排关键技术和路线图[J]. 创新科技，2008，（第8期）：54-55.
③ 郭振岩.《制造强国战略研究》、《工业强基战略研究》能源装备课题组研究进展情况[J]. 电器工业，2014，（第5期）：28-32.

（二）技术创新的推动措施

按照发展阶段，技术可分为战略性/前瞻性技术、创新技术、成熟技术和商业化技术。根据各类技术创新的特征和面临的障碍，对不同阶段的技术创新需要相应的政策扶持。

1. 战略性/前瞻性技术

战略性/前瞻性技术处于基础研究期，有巨大的应用潜力或代表世界科学发展趋势。此类研究不能以市场为导向，如核聚变、海洋能、天然气水合物和CCS等。

2. 创新性技术

创新性技术指处于应用研发期并进行少量示范的技术。此类技术创新属于颠覆性创新，即从一条性能曲线上升到另一条更高层次的性能曲线。创新型技术具有研发周期长、投资规模大等特征，以工艺、产品并最终商业化为目标。电动汽车、氢燃料电池汽车、新型薄膜太阳能电池和海上风电等技术均属于这一范畴。

企业是技术创新和扩散的主体，政府给予必要的政策激励非常关键。相关政策包括以下内容。

（1）编制产业化技术路线图

例如，为统筹以前欧洲各种零散的太阳能热发电研究方法，欧盟委员会绘制了"欧洲集中式太阳能供热路线图"，使技术在一定时间内达到具有竞争性的成本水平。

（2）搭建技术创新平台

可采用税收补贴和资助等手段强化对产学研合作的激励。

（3）发挥企业创新主体的作用

可采用的政策包括协调产业化的标准，防止技术标准垄断并形成壁垒；设立创业孵化器、提供信息技术服务、管理咨询和培训等；设立中小企业担保计划、种子基金等。

（4）提供资金支持和政策激励

可以采用支持企业承担国家科研项目和税收优惠等多种手段相结合。国家税务总局出台的有关企业技术创新所得税优惠政策，通过研发费用税前加计扣除、加速设备资产折旧和税收减免等政策为企业技术创新提供激励，并加大政策的可操作性和落实力度。

（5）为技术的市场准入创造条件

创新性技术进入市场的能力取决于市场结构和相关法规，限制性法规或被垄断性企业支配的市场将导致技术应用的失败并阻碍潜在创新者的投资。公平竞争政策对于推动上述行业的低碳创新发展至关重要。

（6）推动国际合作

政府应鼓励、支持企业和科研机构开展国际合作，以推动商业促进组织在企业的跨国合作中起到更大的作用。

3. 成熟技术

成熟技术主要是指基本成熟并开始大规模示范推广的技术。此类技术需要渐进性的创新，即沿着性能曲线移动，性能逐步得到改善，成本也逐步降低。提高车辆燃油效率、改进现有风能和太阳能技术以提高其经济性、增加改进工艺和设计以及提高 LED 照明的亮度和寿命等就是如此。

（1）转变观念

我国企业普遍存在重引进、轻消化吸收和再创新的问题，引进经费远高于消化吸收。因此，必须通过政策来引领企业的再创新行为。培育市场拉动对本土化技术的需求，包括政府优先采购、建立使用国产首台（套）装备的风险补偿机制、鼓励保险公司开展国产首台重大技术装备保险业务等。

鼓励采用"技术引进—消化—吸收—再创新"策略，以降低技术创新成本。"以市场换技术"虽饱受争议，但三峡总公司本着"技贸结合、转让技术、联合设计、合作制造"的战略方针与外商开展合作，成功培育出两家掌握核心技术和具备大型设备制造能力的我国水电装备企业，并跻身世界大型机电设备制造先进国家的行列。

（2）形成以企业为主体的技术推广利用体系

应对掌握核心技术或自主研发技术给予补贴和税收优惠。丹麦风机制造工业就是在世界上最早、最成功和较稳定的购电法政策体系基础上建立和壮大的。除对生产者补贴外，还应对经济效益差的技术进行终端用户补贴，包括加大对消费者采购低碳产品的财政支持力度以及研究绿色消费信贷等。

（3）加大扶持力度

例如，出台针对高碳技术发展的一些约束性政策以限制其发展，包括对新建和扩建工业产能的能效要求、对五大发电集团可再生能源发电比例的要求等。约束性政策可以与鼓励性政策（如财政补贴、税收减免、低息贷款）相结合使用。

（4）引导社会资金进入低碳技术的推广领域

通过政策性资金的引导，鼓励风险投资投向低碳技术。政府应创造良好的制度环境，并通过适度的税收补贴政策来促进绿色风险投资业的快速发展。合理规划，保证基础设施能够为大规模应用低碳技术提供服务。例如，对于可再生能源并网发电来说，必须增强电网基础设施的安全性和调度能力。

4. 商业化技术

商业化技术是指具备经济性且已经商业化，但大规模应用仍可能面临其他障碍的技术。市场的障碍导致这些成本有效技术得不到大规模应用。对此，政府需要坚持以市场机制为导向，辅以相关政策，方能快速推动技术的大规模商业化应用。可以考虑的政策包括以下几条。

（1）完善法规和标准，增强监管力度

不断提高能效标准，有效地将高能耗产品从市场中驱逐。以《能源效率标识管理办法》为例，采用"企业备案，市场监督"模式，使能效标识上的数字由生产厂家根据自己检测的结果标注，监管机构进行抽查。但由于对违规的处罚措施力度不够，在很大程度上削弱了法规的效用。

（2）鼓励适宜的商业模式

银行和投资者对尚未得到大规模应用的节能低碳新技术存在疑虑，融资困难成为主要障碍。能源服务公司（ESCO）模式是被广泛证明了的成功商业模式之一，能源合同管理也是行之有效的途径，应进一步加大推广应用的力度。

（3）完善第三方标识系统和认证制度

建立简单、明确的第三方能效标识系统，为消费者选购高能效产品创造条件。应加大舆论宣传和信息传播的力度，引导企业和公民行使其社会责任，积极提供和采用低碳产品以抵消其碳足迹。

第二节 区域经济低碳发展与产业结构调整

一、区域经济产业结构调整向低碳发展

产业结构调整,也称产业结构优化升级,是指产业结构向合理化、高度化方向演进,提高经济增长质量就必须提高产业结构水平。经济学家克拉克(John Bates Clark)得出一个普遍的规律性结论:随着经济的发展和人均收入水平的提高,出现劳动力从第一产业(即农业)向第二、第三产业等非农业部门转移的现象,而且,随着人均收入水平的进一步提高,又会出现劳动力由第二产业向第三产业转移的现象。这一就业结构变动规律成为"配第一克拉克定律"[①]。日本学者赤松要提出了后进国家的产业赶超先进国家时产业结构高度化的途径,即"雁行形态的发展模式"论;在产业发展方面,后进国家的产业发展是按"进口—国内生产—出口"的模式相继交替发展。这个模式还有两个变型:一是产业发展的次序,一般是从消费资料产业到生产资料产业,从农业到轻工业进而到重工业的不断高级化过程;二是消费资料产业的产品,不断从粗制品向精制品的生产资料转化,最终就使产业结构趋向多样化高度化。[②]

20世纪90年代,美国经济学家格罗斯曼(Grossman)和克鲁格(Krueger)在研究环境与经济增长之间可能的关系时发现:随着经济的发展,环境先是趋于恶化,当经济发展到一定水平,环境质量就恶化到顶点,在转折后环境质量趋于改善,也呈现出一种倒 U 形关系。在库兹涅茨曲线基础上,他们提出了环境库兹涅茨曲线。

环境库兹涅茨曲线理论说的核心内容包括以下几个方面。

(1)在经济起飞阶段,伴随着经济增长,环境质量的退化在一定程度上是难以避免的,在污染转折点到来之前,环境质量随着经济增长不断恶化。

(2)伴随着经济快速增长,大量自然资源的消耗和环境质量的恶化促使政府对环境保护的投资加大,因此环境恶化的速度在减小。当经济发展到

[①] 尹炳文. 配第一克拉克定律与日本经济结构性增长[J]. 南开经济研究(双月刊),1987,(第6期):57-59,67.
[②] 王乐平. 赤松要及其经济理论[J]. 日本学刊,1990,(第3期):117-126.

一定阶段时，在经济水平超过转折点后，经济增长将为环境质量的改善创造条件，环境污染逐步减少。

（3）环境污染水平与经济增长的关系呈倒 U 形曲线特征。由于一个国家从经济发展水平较低阶段演化为经济较发达阶段需要很长时间，因此，该曲线所揭示的经济增长与环境污染关系是一个长期现象。

（4）政府的环境经济政策等制度安排，在改变环境库兹涅茨曲线的走势和现状上有重要意义。产权的界定、环境标准的制定、污染成本内部化等制度安排将有效降低环境库兹涅茨曲线的峰值，使曲线变得更加平坦，从而使转折点提前到来，减少经济增长过程中的环境破坏。

（5）环境库兹涅茨理论假说，揭示了经济增长与环境之间的一种联系、一种转化规律，但这并不意味着发展中国家的环境状况到一定增长阶段必然会出现环境质量的改善。这是因为，生态环境存在一个阈值，如果环境退化超过这一阈值就不可逆。如果自然资源在经济增长的起飞阶段造成严重的枯竭或退化，那么将需要很长时间和很高的成本才能恢复，甚至不可恢复。因此，即使存在倒 U 形关系，也需要相应的政策措施防止倒 U 形曲线超出生态阈值。

国外有学者估算环境库兹涅茨曲线，指出一国经济从以农耕为主向以工业为主转变时，环境污染的程度加深。因为，伴随着工业化的加快，越来越多的资源被开采利用，资源消费速度率开始超过资源的再生速度，产生的废弃物数量大幅增加，从而使环境的质量水平下降；而当经济发展到更高的水平，产业结构进一步升级，从能源密集型为主的重工业向服务业和技术密集型产业转移时，环境污染减少，这就是产业结构对环境所产生的效应。[1]

通过以上关于经济增长、产业结构和环境问题的理论分析可以看出，产业要随着经济的增长不断进行调整和优化，而产业结构的调整在不同的经济发展时期对环境的影响和要求是不同的。目前我国正处于由重化工业向新型工业化道路的转型时期，而前一时期的经济发展已经对环境造成了极大的破坏，环境问题已经成为我国经济发展必须重视的问题。我国政府在进行产业结构调整指导时，要求全面贯彻科学发展观，坚持走新型工业化道路，以

---

[1] 王芳，曹一鸣，陈硕. 反思环境库兹涅茨曲线假说 [J]. 经济学（季刊），2020，（第 1 期）：81-100.

改革开放和科技进步为动力，增强自主创新能力，鼓励和支持发展先进生产能力，限制和淘汰落后生产能力，防止盲目投资和低水平重复建设，促进产业结构的优化升级。强调产业结构调整的方向和重点包括：大力发展先进制造业，发挥其对经济发展的重要的支撑作用；加快发展高新技术产业；促进服务业全面快速发展，提高服务业比重和水平；大力发展循环经济，加快建设资源节约型和环境友好型社会。因此，低碳经济作为一种新的经济增长模式必然成为我国产业结构调整的方向。

二、发展低碳经济来推动区域产业结构调整

低碳经济是为减少温室气体排放所做的努力。但实质上，低碳经济是经济发展方式、能源消费方式、人类生活方式的一次新变革，它将全方位地改造建立在化石燃料（能源）基础之上的现代工业文明，转向生态经济和生态文明。全球化石能源价格上涨是市场对资源稀缺性的反应，尽管对全球经济增长会带来负面影响，但是，对化石能源的高效使用、清洁开发、节约利用起到积极推动作用，也给高新技术产业和现代服务业等低碳乃至无碳产业的发展注入活力。

（一）推进传统工业升级，实现能源的清洁、高效利用

传统工业的发展离不开化石燃料所提供的巨大能源，能源结构的高碳化是传统工业化的必然结果。当地球温室效应不断影响和威胁人类赖以生存的自然生态系统时，人类对工业文明所依赖化石能源的反思和改造也是顺理成章的。高碳工业发展难以为继，不仅是不可再生的化石能源资源的储量有限，而且大量的二氧化碳排放将影响人类的生存环境。

发展低碳经济，对传统工业进行升级已刻不容缓。但是，从高碳工业向低碳工业的转型是一个漫长的历史过程。因为，高碳工业的体系是庞大而又稳固的，传统工业对化石能源的依赖是不可能在短期内完全改变的。虽然全世界对可再生能源的开发取得了很大的进展，包括太阳能、风能、水能、生物质能、沼气、核能等众多低碳能源或无碳能源在一些领域正在渐渐替代化石能源，但是许多低碳或无碳能源的利用还未达到全面产业化、规模化和商业化的水平。因此，传统的能源结构在较长的一段时间内也很难有颠覆性的改变，所以在注重开发新能源的同时，应该把传统工业的调整与提高能源效率的方法相结合，采用低碳技术、节能技术和减排技术，逐步减少对化石

能源的过度依赖，努力提高现有能源体系的整体效率，遏制化石能源总消耗的增加，限制和淘汰高碳产业和产品，发展低碳产业和产品。对传统工业的调整具体可以分为以下几个步骤。

1. 实行产业集约化战略

工业产业集约化，是指工业的发展以资源优化配置为原则，以社会福利最大化为目标，产业组织结构高度集中，产业内大、中、小企业共生，提高资源利用效率，使产业可持续发展。工业的规模结构效率反映了工业经济规模和规模效益的实现程度，是工业集约化水平的重要标志。

目前，我国传统工业存在的主要问题：一是产业组织结构过于分散，企业规模较小，产业集中度较低，缺乏国际竞争力，缺少与国外大跨国公司相抗衡的真正意义上的大型企业；二是大量的小型企业大多是一些全能企业，专业化分工程度较低。因此，目前我国产业集约化战略的重点在于整合各种资源，实现规模经济。

我国产业集约化战略的具体思路如下：通过兼并、重组、战略协作等方式，推动传统工业内部各行业规模结构的优化和升级。现阶段的关键是要建立一个完善的市场竞争机制，创造一个公平的市场竞争环境，通过市场竞争优化资源配置，逐步将那些技术水平较低、竞争力不强的企业淘汰出局，由此提高整个行业的市场集中度。以集团内部控股为基础，对现有大型企业集团进行股份制改造。

目前我国现有集团以生产技术、供货销售等形式作为联系纽带的较多，资产联系纽带较少，企业集团不能形成一个有机整体，难以发挥应有的规模优势。

2. 推动工业产业向高效节能发展，淘汰落后产能，具体应考虑从以下几个方面同时推进。

（1）新增工业产能的能效控制

考虑到我国工业化进程的加快，预期工业产能仍将有明显扩张，对新增工业产能特别是新增高耗产能应实施严格的能效控制，这是推进工业节能技术进步、降低现有工业产品单耗的首要着力点。

（2）淘汰现有落后工业产能

当前高耗能行业产能普遍过剩，把握这一淘汰落后的有利时机，加快淘汰现有落后工业产能，是推进工业技能进步、降低现有工业产品单耗的重大努力方向。

（3）对现有工业产能的技术改造

现有工业产能中，能效水平居于中游的占较大比重。要完全淘汰这一部分产能固然不现实，但从经济的角度看也是不合理的。这一部分工业产能具有不同程度的能效提升潜力，对其实施节能改进技术，是今后推动工业节能技术进步的重要方向。

3. 工业行业内部进行产品结构调整

进行内部产品结构调整，引导和促进多产品工业子行业，特别是高耗能工业子行业努力提高技术创新能力，加大低单耗、高附加值新产品的开发力度，并设法提高现有产品中低单耗、高附加值产品的比重，是降低工业行业能源强度的又一重要途径。在规划方案下，工业节能具有相当可观的现实节能潜力，对支持实现这一工业节能设想目标都可能起到不同程度的支持作用；在工业行业内部产品结构调整这一途径下，仅就高耗能行业而言，其所具有的节能潜力估计有近亿吨。

（二）大力发展新能源产业，改善能源产业结构

1. 新能源产业将成为我国未来的支柱型产业

在低碳经济时代，新能源产业发展前景广阔。加快发展新能源产业，是转变经济发展方式、促进可持续发展的有效途径，是抢占未来产业制高点、提高国际竞争力的重大举措，是扩大内需、培育新经济增长点的有效手段。改变传统的能源利用方式、开发利用新能源已成为国际共识，发达国家普遍大力实施"绿色新政"。我国也出台了一系列鼓励措施，积极推动新能源产业发展。我国正制订的新能源发展规划将新能源放在战略地位，加强新能源的技术研发，大幅增加对新能源产业的投资，创新体制，促进新能源的发展。核电、风电、太阳能发电成为新能源振兴规划的重点发展领域。新能源产业正孕育着新的经济增长点，也是新一轮国际竞争的战略制高点，当前国际金融危机为新能源产业发展带来了机遇，要把发展新能源作为应对危机的重要举措。要以企业为主体，以市场为导向，加强政策引导扶持，促进风能、太阳能、生物质能发展，推动新能源汽车、节能建筑和产品的广泛应用，加快运用新能源和节能环保技术改造传统产业，推进能源乃至整个产业结构的调

整。新能源产业的发展不仅能够带动传统产业的转型升级，而且成为拉动经济回暖的一大引擎。中国政府高度重视新能源发展问题，新能源的战略地位愈加突出，这必将进一步加快我国的新能源开发利用步伐，为新能源产业提供广阔的发展空间。

2. 我国新能源产业化基础状况

（1）生物技能产业

由于生物能源所具有的优势，世界各国已经将其作为发展新型能源的重要选择之一。中国政府对生物技能利用技术的研究与应用已列为重点科技攻关项目，推动了我国生物技能产业的发展。目前我国的生物技能产业发展初具规模，积累了一些成熟的经验，但不同研究领域的技术成熟程度不尽相同。少数生物技能转化利用技术初步实现了产业化应用。例如，农村户用沼气、养殖场沼气工程和秸秆发电技术，生物质发电、生物质致密成型燃料、生物质液体燃料等正进入商业化早期发展阶段，还有许多新兴生物技能技术尚处于研究阶段。

（2）太阳能产业

①太阳能热利用产业

在国际光伏市场巨大潜力的推动下，各国的光伏制造业竞相投入巨资，扩大生产以争一席之地。中国作为世界能源消耗第二大国也不例外，在这一波热潮中，中国的太阳能热利用走在了世界的前面。我国太阳能热利用产业取得了长足进步，市场规模越来越大，且一直保持快速增长。我国的太阳能热利用产业体系已经较为完善，初步形成了合理配套的产业链和基础标准体系，建立健全了检测认证体系。更为重要的是，我国自主创新的太阳能镀膜真空集热管已经获得了国际公认，这意味着我国企业掌握了太阳能热利用领域绝大多数的核心技术。在应用方面，太阳能与建筑的结合也获得了长足进展，太阳能取暖和工业化利用也取得了成效。

从我国国情来看，农村市场潜力巨大，随着农村经济的快速增长，农民生活水平不断提高，大量新建的农宅和小城镇住宅无疑将大大增加对生活热水的需求量。

②太阳能光伏电产业

太阳能光伏电产业的前景乐观。大力发展可再生能源已经成为世界各国应对全球气候变化的一项重要战略举措。我国近年来在风力发电和太阳能发电开发利用方面取得了显著成效，在产业发展、技术创新等方面取得了突出成果。风电已成为我国第三大电源，而光伏电池及相关产业的发展规模已经占据全球前列。可再生能源正在逐步从零散、小规模的能源发展成为可部分替代化石燃料、缓解生态环境承载压力、实现大规模利用的重要能源形式。

（3）核电产业

我国于20世纪70年代开始筹建核电站，20世纪90年代我国第一座自行设计自主建筑的核电站——秦山核电站并网发电成功。经过多年的发展，我国已经形成了完整的核工业体系，包括地质勘探、铀矿采冶、铀转化与同位素分离、元件制造和后处理等。我国在核电技术的研究开发、工程设计、设备制造、工程建设、运营管理等方面形成了一支具有丰富实践经验的技术与管理人才队伍，能够自主设计、建筑和运行百万千瓦压水堆核电机组，已具备了以我为主、适当引进国外技术、建设百万千瓦级压水堆核电机组能力。

（4）风电产业

风能的发展既遇到了非常好的机遇，也出现了许多新的情况，因此如何健康、可持续地发展我国风能产业已成为十分关注的问题。由于新能源产业前期投资研发费用大，很多企业对新能源产业并不十分了解，积极性不高，而政府对新能源的研发投入还比较有限，所以大多数新能源的开发和利用成本较高，技术水平较低，缺乏自主技术研发能力，技术和设备主要依靠进口，技术的引进消化吸收能力较差，这些因素制约了我国新能源的发展。因此，政府和相关部门要进一步加大技术研发力度。只有占领了技术高地，才有可能占领产业高地。

（三）促进信息与通信技术（ICT）产业发挥更重要的作用

随着中国等众多发展中国家经济的不断发展，ICT行业将取得更加快速的进展。作为高新技术产业，ICT行业自身的碳排放比较低，同时在电力传输过程中，在高耗能的建筑物、工厂以及交通工具的使用中，ICT行业在提高能源利用率方面起着重要作用。从经济学角度来讲，ICT行业带来的能源效率可以节约大约几千亿欧元的成本。通过将ICT与新的操作、生活、工作、学习及旅行方式相结合以实现规模减排，除ICT外，还没有哪个行业可以为提高其他行业和工业的能源效率提供如此完整的科技解决方案。

1. 非物质化领域

非物质化领域是指用低碳取化物来取代高碳产品和活动，例如，用电话会议来取代纸质账单。非物质化可以用于日常生活的很多方面，最终的目的是减少物质产品的数量。网上支票、媒体、音乐等可以替代传统纸张和CD，从而降低制造和输运这些产品时产生的碳排放。

在非物质化中，被人们广泛认可的就是远程办公——人们可以在家办公。尽管根据历史的发展潮流，将来其他非物质化的做法可能发挥巨大作用，但是分析表明了远程办公将发挥更大的作用，每年可减排260兆吨二氧化碳当量。通过网络和电话来开电话视频会议，保守估计这种方式可以取代5%~20%的全球商务出行。早期使用的先进视频会议设备在企业和公共事业分布很广的环境中有着很重要的作用。另外，通过影响员工行为非物质化还可间接减排，建立更强的气候变化意识并在全行业中创立低碳文化，尽管这些都是无法量化的。非物质化至少可以提供替代的方法，使个人可以很直接地控制自身的碳排放。

当然，虽然非物质在减排方面毋庸置疑地具有很大的潜力，但目前其影响还是有局限的，主要原因在于利用率太低，很多个人和公司对新技术尚心存疑虑。同时，公司现在仍然不愿频繁采用非物质化科技，因为它需要采用新的工作方法，随之而来的还有文化转变。最后，就全球的基础设施情况来看，目前的基础设施对于面向所有消费者企业提供高质量的、支付得起的网络服务还没有给予支持。

2. 智能工业电动机领域

工业电动机系统是将电力转化为机械力的系统，是全球工业活动的心脏。在中国制造业的发展中由使用能源导致的碳排放仍在增加，因为大部分电力需求是由火力发电供给的。如果工业电动机不考虑负载情况实行不安全运转，则被认为是低效的。当工业电动机可以根据需要功率调整能耗，那么这种工业电动机就是智能的，这通常需要一个变速传动装置和一种控制变速装置的硬件进行控制，称为"智能业电动机控制装置（IMC）"。

ICT短期的主要目标就是调控用能并为企业提供数据，以便它们通过改进制造系统来节能和节约成本。这些数据对于组织机构来说比较有利用价值，可以帮助它们设定工业电动机系统效率的标准。ICT行业还有其他的作用，例如，模拟软件用于帮助推动工厂和制造过程的设计；而无线网络的普及提供了机器间和ICT系统间的通信，可以在整个工厂内提高效率。因此，ICT可以在工业电动机系统造成的全球碳排放中起到减缓作用。

3. 智能物流领域

受全球化和全球经济发展的影响，全球货物运输发展很快。但由于大范畴（包括包装、运输、存放、消费者购买及废物）的物流效率不高，例如，车辆在回程过程中装载过少或没有装载，运输和储存过程中会产生大量的温室气体。运输行业是排放温室气体的主要行业之一，而且排放量还在不断增加。另外，随着燃料成本和税收的不断增加，对于高效物流的需求也越来越迫切。

"智能物流"将包括一系列软件和硬件设施，帮助监控、优化和管理整个物流过程，如优化运输网络设计的软件，使用集中的输送网络，运行可以促进灵活传递到客户的管理系统等。尽管这个数字与其他ICT手段减排量相比不是很大，但是这种可以让物流行业有更加高效的机会，也有很大的经济效益，因为物流具有非常高的价值市场。

4. 智能建筑领域

新兴经济体，如中国的城市化程度越来越高，来自建筑物的排放量将越来越多。尽管对建筑物的能源消费的关注度在不断加强，但全世界的建筑建设仍然不怎么认真考虑执行那些能够获得最佳能源利用率的措施。智能建筑描述了一项可以使建筑的设计、建造、运作更加有效率的技术，并且对已存在或新建造的建筑均能适用，这包括房屋管理系统（BMS），可以根据居住者需要运行制热及冷却系统或运行软件来关闭所有个人计算机，并在大家回家之后进行监控。目前各国已经设定了一些全国性的组织或计划来促进这些技术的推广，如绿色建筑委员会或房屋能耗比、建筑研究所环境评估法、建筑物综合环境性能评价体系等，最有影响的当属领先能源及环境设计。

建筑物的最初设计往往比较粗劣，不太考虑它们的用途随着时间的推移而改变。即使当初考虑到了能源利用率，如果建筑者偏离计划或规格操作BMS，建筑的实际节能表现也将会削弱。假定建筑物按照规则设计和建造，但缺乏调试，则用途的不断变化和维护不足都可以极大地降低所有BMS的效率。这就意味着不同的建筑物在能源消耗上显著不同，同样的技术应用可能产生不同的影响。能源建模软件可以帮助建筑师确定设计对能源利用的影响，建筑者可以使用软件来比较能源模型与实际建筑。一旦建筑完工，使ICT行业测量并找到决定建筑物性能的基准点，那么实际的能源利用率与所预计的进行比较就成为可能。当ICT在行业的应用变得更加成熟时，BMS所起的作用将更加明显。

5. 智能电网领域

能源分销网络往往规模庞大，使得效率低下的电网在电力传输过程中的电力损耗很大，需要有超负荷的发电能力来应付意外激增的能源消耗和进行从电站到用户的单向沟通。在大多数国家，出售能源电网（如从太阳能电池板产生的）还是不可能的。这样的经营方式正变得越来越站不住脚：不断上升的燃料成本和全球排放交易计划（DSM）进行双向、实时的信息交流。它通过发电及网络提高效率，进行能源监测和数据采集。ICT对组成智能电网的一系列技术来说是不可缺的，其中，包括智能仪表和一个更先进的电网系统。智能仪表可以使消费者进一步了解自己正在使用多少能源或允许使用自动阅读能源消费数据，帮助各单位更好地了解能源被用到了什么程度，需要管理系统通过允许家电等在高峰时期减小动态负荷来使反馈过程自动化。

（四）大力发展现代服务业，实现产业结构调整低碳化

现代服务业也是一个能耗低、污染小、就业容量大的低碳产业，包括金融、保险、物流、咨询、广告、旅游、新闻、出版、医疗、家政、教育、文化、科学研究、技术服务等。

长期以来，我国的经济发展主要以高投入、高消耗和高污染为特征。这种经济发展方式尽管支持了我国改革开放以来的经济高速增长，人们从中也获得巨大的利益。但是随着时间的推移，这一增长方式暴露出来的问题也日趋明显。例如，环境污染、资源枯竭等问题凸显，严重危及人们的正常生活，制约着我国经济社会的稳定发展，转变经济发展方式已成为大势所趋。经济发展方式的转变，意味着经济发展的驱动将由扩大投资转变为扩大内需，大规模地减少资源的投入和废弃物的排放。高端服务业处于服务业的高端领域，被认为是典型的"无烟"产业，具有低资源消耗、低环境污染和高产业带动力等特点。发展高端服务业，不仅是转变经济发展方式的内在要求，也是实现经济稳定发展的重要保证。

产业结构的转型升级，必然要求低端服务转向高端服务。中国产业结构正处在转型升级的重要历史时期，退出高能耗、高物耗、高污染、低附加值行业，进入和大力发展资源节约型和高附加值行业，是我国未来经济发展的必然走向。产业结构的转型升级，主要体现在以下两个层次：一是扩大第三产业在整个三次产业中的比重；二是三次产业各自由低端领域向高端领域升级。无论哪个层次都意味着农业由传统低端农业向现代观光农业、特色农业和生态农业等高端领域转型。向高端农业发展制造领域转型，对金融、教育和信息服务等行业的发展提出了更高的要求。

尽管我国高端服务行业发展相对滞后，某些高端服务行业如金融保险、法律、咨询、电影文化产业等还比较落后，但发展高端服务业的各种环境条件正不断改善，这使高端服务业大发展面临难得的历史机遇。首先，政府高度重视发展高端服务业，期望在未来几年内这些行业能够加快发展速度。其次，我国高端服务业面临技术进步、市场开放、世博会等历史性机遇，这有助于扩大高端服务业的服务范围和服务规模，高端服务业的发展必然从中受益。最后，国际服务业特别是高端服务业正加快向我国转移。随着经济全球化趋势的不断增强，国际产业转移从制造业领域日益向服务业领域发展；国际服务业特别是高端服务业向我国沿海地区转移的态势日趋明显，速度逐步加快。在这样良好的基础和环境下，选择高端服务业作为发展的方向并以此来推动我国经济的可持续发展正可谓"审时度势，顺水推舟"。我国的现代服务业拥有很大的提升空间，不仅要关注"中国制造"，更应该关注"中国创造"，先进制造业是一个完整的体系，包括"设计—制造—品牌"三个环节，中国仅仅拥有中间的制造环节是不够的，而中间制造环节正好是能耗高、物耗高、污染大、排放大的环节。制造业前端产品的技术设计和开发是知识密集型，制造业后端的品牌是与产品物流和销售网络平台的搭建密切相关的，而先进制造业的前、后端都属于现代服务业范畴，属于高附加价值的环节。

参考文献

[1] 徐涛. 产业结构调整对人民币汇率的影响研究 [M]. 苏州：苏州大学出版社，2021.08.

[2] 申萌. 节能减排政策与产业结构调整影响路径与效果 [M]. 北京：首都经济贸易大学出版社，2021.10.

[3] 王玉华. 全球经济失衡背景下中国开放型经济发展模式转型升级研究 [M]. 北京：经济管理出版社，2021.09.

[4] 陈绍宇. 民营企业投融资决策选择与资本结构动态调整研究 [M]. 北京：北京理工大学出版社，2021.08.

[5] 韩永辉. 基于经济高质量发展的产业结构升级研究 [M]. 北京：人民出版社，2021.02.

[6] 宋涛. 政治经济学教程社会主义部分 [M]. 北京：中国人民大学出版社，2021.01.

[7] 程卫红，苏昱冰. 供给侧结构性改革背景下的金融发展研究 [M]. 北京：中国金融出版社，2021.03.

[8] 李文溥. 迈向高收入经济的增长动力转换 [M]. 北京：人民出版社，2021.07.

[9] 邓达，黄立君. 全球化与中国经济第5辑 [M]. 北京：首都经济贸易大学出版社，2021.09.

[10] 蓝虹. 绿色金融理论体系与创新实践研究丛书促进生态文明建设的绿色金融制度体系研究 [M]. 北京：中国金融出版社，2021.08.

[11] 徐万刚，赵如，任泰山. 多规合一机制协调与融合研究 [M]. 成都：四川大学出版社，2021.08.

[12] 雷辉. 我国经济发展方式转型中的投资效率的测度及国际比较研究

[M]. 北京：中国经济出版社，2020.

[13] 李陈. 中国转变经济发展方式理论演进 70 年 [M]. 南京：东南大学出版社，2020.08.

[14] 刘璟. 经济增长方式转变研究 [M]. 北京：光明日报出版社，2020.04.

[15] 赵高斌，康峰，陈志文. 经济发展要素与企业管理 [M]. 长春：吉林人民出版社，2020.08.

[16] 李家宏. 社会主义经济概论 [M]. 太原：山西经济出版社，2020.08.

[17] 易楚斌，陈颖. 互联网思维模式下的消费经济发展研究 [M]. 长春：吉林人民出版社，2020.10.

[18] 刘强. 中国经济政策与运行研究 [M]. 武汉：武汉大学出版社，2020.07.

[19] 全丽阳. 国际区域经济合作研究 [M]. 北京：中国纺织出版社，2020.09.

[20] 黄少卿，江飞涛，白雪洁. 中国经济开放论坛重塑中国的产业政策理论比较与实践 [M]. 上海：格致出版社，2020.01.

[21] 陈承明，鞠立新. 中国经济两重性和相容性研究 [M]. 上海：复旦大学出版社，2020.06.

[22] 章惠萍. 网络经济行为的法律规制研究 [M]. 杭州：浙江工商大学出版社，2020.07.

[23] 葛新权. 经济转型升级中的大数据决策 [M]. 北京：科学技术文献出版社，2020.04.

[24] 李媛媛. 金融创新与产业结构调整 [M]. 天津：南开大学出版社，2019.09.

[25] 赵慧. 区域经济发展理论与实践 [M]. 兰州：甘肃人民出版社，2019.01.

[26] 范圣刚. 城镇化进程、产业结构调整与城乡居民收入差距 [M]. 徐州：中国矿业大学出版社，2019.06.

[27] 李创. 中国低碳经济发展的市场机制研究 [M]. 北京：中国经济出版社，2019.05.

[28] 刘洁, 陈静娜. 区域发展的经济理论与案例 [M]. 北京: 海洋出版社, 2019.01.

[29] 王忠宏. 高质量发展的中国经济 [M]. 北京: 中国发展出版社, 2019.07.

[30] 胡丽华. 新时代经济改革与发展方略研究 [M]. 沈阳: 辽宁大学出版社, 2019.11.

[31] 韩永全, 杨琳, 乔新蓉. 经济结构发展与经济法新趋势探索 [M]. 长春: 吉林人民出版社, 2019.10.

[32] 谢长安. 经济结构调整与财税体制安排的政治经济学研究 [M]. 北京: 经济科学出版社, 2019.02.